Jean-Pierre Jouyet

« EST-CE BIEN NÉCESSAIRE, MONSIEUR LE MINISTRE ? »

Albin Michel

© Éditions Albin Michel, 2023

À Brigitte,
aux enfants,
et aux petits-enfants

« Les lois claires sont souvent un chaos dans l'application. »

Napoléon Bonaparte

« Je suis inquiet, j'ai peur que le système n'explose. »

Emmanuel Macron
(campagne présidentielle de 2017)

Introduction

Depuis que, fin 2020, j'ai quitté la haute administration, le pays que j'ai servi durant toute ma vie se débat dans les crises. Celle de la Covid-19 n'a épargné aucune nation sur la planète. Celle de la défiance, en revanche, sévit en France bien plus qu'ailleurs. Défiance envers les élites, et spécialement envers la « caste » à laquelle j'appartiens, celle de l'« énarchie ». Défiance envers les responsables politiques, insultés, molestés, déconsidérés. Défiance envers les institutions, soupçonnées d'être taillées sur mesure pour protéger les puissants. Défiance envers l'État-providence, que d'aucuns accusent de favoriser l'« assistanat » et de creuser un fossé entre ceux qui travaillent dur et « la France des allocs ». Défiance envers l'État gestionnaire, déconsidéré pour avoir laissé la dette se creuser tandis que les services publics tombaient en déshérence. Quoi d'autre ? Défiance de la province envers Paris, bien sûr, soupçonné de se tailler la part du lion dans la croissance, les services hospitaliers, l'excellence éducative, les réponses au défi écologique notamment en matière de transports.

Introduction

Lorsque j'étais aux affaires, je considérais cette défiance croissante avec une certaine stupéfaction, tant j'étais convaincu que nous faisions tous, individuellement et collectivement, de notre mieux. Puis j'ai pris du recul, forcément. J'ai assisté, en simple citoyen, aux difficultés d'attribution des masques au début de la Covid-19 et ensuite des vaccins. J'ai observé le manque de considération du Conseil national de la refondation, destiné à associer les citoyens à la réforme de l'État. J'ai ressenti la crise profonde née de la réforme des retraites, j'ai été témoin des polémiques stériles sur les « violences policières », pour ne citer qu'elles.

Dans le même temps, je lisais, fin 2022, la note publiée par le FMI à propos de la France – rapport régulier sur chacun des pays membres. Quel choc pour l'ancien directeur du Trésor que je fus de subir les alertes sur le niveau d'endettement le plus élevé de notre histoire. Ce rapport souligne l'insuffisance des réformes structurelles (hors retraites). Il pointe l'absence de rationalisation des effectifs de la fonction publique, de réduction des doublons entre les différents niveaux des administrations, et de simplification des régimes de minima sociaux...

Quelques mois plus tard, même si nous avons évité, grâce à l'action du ministre de l'Économie, une dégradation brutale de la note de la France, de nouveaux avertissements frappent le pays. Notre incapacité à réformer fragilise désormais « la Grande

Introduction

Nation » comme disaient les Européens au XVIIIe siècle. Aujourd'hui, comme simple citoyen, et non plus comme haut fonctionnaire, je vois l'État différemment. Cette nouvelle perspective a pris un peu de temps pour s'installer, mais désormais elle ne me quitte plus. Avant, je ne voyais pas ou je minimisais l'importance de la bureaucratie et son rôle souvent néfaste sur la bonne marche du pays. Je savais qu'elle existait, bien entendu, puisque j'en faisais partie. Mais pour dire toute la vérité, je n'ai jamais eu à la subir. Je disposais de collaborateurs capables de m'aider à accomplir toutes sortes de formalités, voire de m'en décharger totalement. Comme représentant d'une élite aujourd'hui honnie, j'ai découvert ces réalités quotidiennes sur le tard.

J'ai pris conscience, aussi, de l'urgence et de la nécessité qu'il y a à réformer. Parce que l'État est une entité qui doit vivre et évoluer, afin de s'adapter aux changements de société et de modes de vie. Parce que la structure administrative calquée sur celle de l'Ancien Régime est un anachronisme dangereux, alors que la libre circulation des personnes, la possibilité de travailler et d'investir à l'étranger, la domination de nouvelles technologies de communication et de décision bouleversent nos modes de vie et nos rapports aux autorités. Parce qu'il n'y a plus un seul gouvernement, dans toutes les démocraties occidentales, qui contrôle l'information. Pas un non plus qui reste considéré s'il se refuse à toute coopé-

Introduction

ration européenne, le Royaume-Uni en est le triste exemple. Tous réclament une nouvelle souveraineté en modernisant leur appareil militaire... La liste pourrait s'allonger à l'envi !

Partant de ce constat, j'ai commencé à me livrer à une sorte d'introspection à la fois professionnelle et personnelle. Pour mieux comprendre et faire comprendre la vraie nature du mal français. Un exercice difficile, exigeant, gênant qui ne pouvait que s'imposer à moi qui fus un bon catholique de gauche comme on disait à l'époque, donc une bonne personne capable de combattre le démon, en l'occurrence ce malaise français que tant d'auteurs ont essayé d'analyser ces dernières années avec plus ou moins de succès. Une affection qui n'est pas incurable, mais qui revêt un inquiétant caractère chronique. J'espère contribuer, par ce témoignage qui est autant une autocritique qu'un plaidoyer pour un certain modèle français, à nous guérir de cette maladie hexagonale qui a la vie dure : une folie des grandeurs qui se transforme aux premières difficultés en dangereuse léthargie. Quel Français en vérité n'a pas éprouvé un jour ou l'autre ce sentiment de péril en la demeure ?

1.

Moi aussi, j'ai péché !

Qui suis-je pour dénoncer aujourd'hui l'incapacité profonde à réformer ? De quel droit puis-je incriminer les responsables ou les hauts fonctionnaires ? Cet aveu, cette autocritique me donne la liberté de parler. Car moi aussi, je l'avoue, j'ai péché. Comment ?

1. C'est une longue histoire que je vais vous raconter brièvement. Énarque discipliné et respectueux, j'ai toujours obéi à mes supérieurs et suivi leurs orientations avec un zèle scrupuleux. Ce qui m'a conduit à ne pas exercer mon esprit critique sur leur attention insuffisante à la réforme de l'État. Le symbole de cet immobilisme ? Cette méfiance envers tout changement, toute velléité de réforme donnait régulièrement lieu à des échanges entre le ministre et un des directeurs du ministère qui l'interpellait courtoisement mais fermement : « Ce projet est-il bien nécessaire, monsieur le ministre ? » Il m'est même arrivé sans doute de la prononcer moi-même. Ainsi, lorsque Francis Mer, l'ancien patron de la sidérurgie, avait été nommé ministre des Finances par le président Chirac.

Moi aussi, j'ai péché !

Arrivé au sommet de l'État, à Bercy puis à l'Élysée, j'ai entendu cette fois comme responsable l'impertinente question.

2. Au fur et à mesure que j'évoluais vers des postes plus importants, je suis même devenu comme eux, indifférent à la complexité administrative que doivent affronter les citoyens ordinaires. Je maîtrisais parfaitement les rouages de la machine administrative. Je ne voyais donc pas à quel point elle devait être simplifiée. J'ai conscience de ce que cette vision des choses peut avoir de provocant, voire d'indécent pour tous ceux et celles qui sont confrontés chaque jour à l'inertie et à l'arbitraire de notre administration, parfois plus souvent attachée au strict respect des textes qu'aux intentions du législateur.

Quand, secrétaire général de l'Élysée, j'ai assisté à l'enterrement du rapport réalisé par deux chefs d'entreprise, Françoise Holder et Guillaume Poitrinal, sur ce sujet, je n'ai pas réagi même si j'ai regretté cette occasion manquée. Cela dit, j'ai quelques circonstances atténuantes : je n'ai jamais vu un ministre chargé de la simplification proposer de vraies réformes. En parlant avec les quatre derniers présidents en exercice – Chirac, Sarkozy, Hollande et Macron – je n'ai jamais senti chez eux le moindre intérêt pour ce sujet pourtant essentiel.

Moi aussi, j'ai péché !

3. La formation que j'ai reçue à l'ENA était de grande qualité, mais je n'ai par la suite traité que de questions financières. Les questions juridiques, la perception historique font l'objet de nombreux cours mais il reste une zone grise, celle des enjeux étatiques qui touchent les Français dans leur vie quotidienne : sécurité, droit du travail, immigration, formalités...

4. Quand toutefois j'ai occupé des postes transversaux, auprès de Lionel Jospin à Matignon ou de François Hollande à l'Élysée, j'étais plus intéressé par les règles qui s'appliquaient aux relations entre les administrations centrales que par celles qui s'appliquaient aux administrés. Cela peut sembler illogique mais c'est inhérent à la culture administrative française, culture qu'il conviendrait de faire évoluer.

5. En raison de mon parcours, j'ai toujours manifesté un grand intérêt pour la production de lois et décrets en matière financière et fiscale. Depuis le milieu des années 1980, où je siégeais derrière le ministre du Budget, assis sur les bancs du gouvernement à l'Assemblée nationale, ces deux sujets ont peu de secrets pour moi. J'ai en revanche négligé de m'intéresser de près à l'inflation normative et législative qui sévit dans tous les autres domaines, de l'agriculture au logement, en passant par l'environnement et l'aménagement du territoire. Je regrette aujourd'hui ce manque d'implication dans des domaines qui

Moi aussi, j'ai péché !

pèsent sur la vie quotidienne de mes concitoyens. Un exemple, un seul : le ministère de l'Éducation nationale, qui change de système à chaque rentrée scolaire. La dernière modification en date n'était pas des moindres puisqu'elle concernait la réintroduction des mathématiques pour tous les lycéens de la filière générale. Une décision qui revenait sur une mesure qui avait pris effet seulement... trois ans plus tôt. Les ministres font et défont ce que leurs prédécesseurs ont mis en place juste avant sur la base de recommandations parfois éclairées. C'est coûteux et un peu absurde alors même que toutes les études internationales montrent un décrochage de la France, dans toutes les matières fondamentales, depuis une vingtaine d'années.

Comment pourrait-il en être autrement alors que, de l'aveu même du ministère, les élèves ont perdu, primaire et collège additionnés, 522 heures de français par rapport aux horaires de 1968, ce qui représente l'équivalent de deux années de formation en moins ? Le bilan de l'enseignement professionnel est tout aussi problématique. Un tiers des lycéens sont orientés dans cette filière, souvent par défaut. Environ 30 % d'entre eux décrochent au cours de leur scolarité et moins de 40 % des bacheliers parviennent à trouver un emploi après six mois. C'est à coup sûr politiquement incorrect de le dire, mais l'idéologie de l'enseignement qui y est dispensé est en décalage

18

Moi aussi, j'ai péché !

avec les besoins des entreprises et des élèves. Les deux. Tant que l'apprentissage sera considéré par les enseignants comme une menace pour leur statut et leur magistère, les réformes éventuelles ne seront que cosmétiques. Je ne l'ai vu, analysé et compris que trop tard.

6. J'ai consacré beaucoup de temps à me préoccuper du management en général et des nominations en particulier. J'ai été davantage DRH de la République que réformateur de l'État. Certes, je n'ai pas occupé de poste directement en lien avec l'administration telle que la connaissent les Français, pour le meilleur et pour le pire.

7. J'ai péché aussi – je dois aller aussi au bout de ce mea culpa – par conformisme. Trop attaché au maintien des structures territoriales traditionnelles (communes, départements...), je ne suis devenu que trop tardivement décentralisateur, conscient de l'importance des régions et des regroupements de collectivités.

8. Enfin, *last but not least*, j'ai participé sans en avoir conscience à la hausse des dépenses publiques dans les différents postes que j'ai occupés dans les cabinets et ministères ou à l'Élysée. En fait, j'ai vécu quarante ans au service d'un État en déficit. Je devais avant tout expliquer au niveau européen ou devant

Moi aussi, j'ai péché !

le Parlement la stratégie ou la nécessité des déficits plutôt que d'expliquer comment et quand nous arriverions à équilibrer nos finances publiques. C'est encore plus le cas pour mes successeurs aujourd'hui !

Ce dernier point, ce huitième « péché », pas capital j'espère, mérite d'être développé car il correspond à un état d'esprit général, au sein de la haute administration, dont personne n'a vraiment conscience. Quand j'étais directeur du Trésor, au début des années 2000, mes collaborateurs me fournissaient une liste des besoins avant de rencontrer le ministre. L'objet de ce rendez-vous ? Évoquer la dotation de mes services pour l'année suivante. Tout, dans mon parcours, moi qui ai passé une partie de ma carrière au chevet des finances publiques, aurait dû, logiquement, me conduire à la modération. Pourtant, il n'était jamais question de demander moins pour l'année suivante. Explication ? Cela aurait été considéré comme une défaite, voire une démission. J'y aurais perdu une grande part de mon autorité auprès de mes collaborateurs, qui m'auraient estimé incapable de défendre les intérêts de la boutique que je dirigeais. Même le ministre des Finances n'aurait pas compris.

J'ai succombé à la même faiblesse quand, secrétaire d'État aux Affaires européennes, j'ai organisé la présidence française de l'Union européenne en

Moi aussi, j'ai péché !

2008. Le président Sarkozy tenait à ce que cet événement soit une réussite incontestable, et le décorum qui l'entourait faisait partie des ingrédients du succès. Rien n'était trop beau ni trop cher. On a distribué généreusement à cette occasion cravates, cartables, et autres objets parfois baroques, le tout financé par l'argent des autres – celui des Français. Je n'étais soumis à aucun plafond, c'était « open bar ».

Puis, nommé président de l'AMF (l'Autorité des marchés financiers), j'ai demandé une « rallonge ». C'est une exigence dont je peux parler sans en rougir. Car les moyens supplémentaires que j'ai obtenus sont allés à une meilleure protection des épargnants, à une plus grande transparence des sociétés cotées, à un renforcement des moyens de la commission des sanctions, bras armé de l'AMF pour réprimer ce qui doit l'être. J'ai obtenu sans trop de difficulté une dizaine de postes supplémentaires, grâce au soutien de l'Élysée, bien sûr, mais aussi à mes bonnes relations avec le cabinet de Christine Lagarde à Bercy, ainsi qu'avec le président de la commission des finances de l'Assemblée nationale, Gilles Carrez. Et cela, je ne le regrette nullement, voyant que mes successeurs cherchent toujours à accroître les moyens et les effectifs de l'AMF.

Pour le reste, j'aurais pu opérer ma révolution plus tôt. Cette lucidité nouvelle me permet en tout cas

Moi aussi, j'ai péché !

d'examiner d'un œil neuf, parfois amusé, souvent inquiet, les absurdités de la vraie-fausse réforme à la française, et il n'en manque pas.

Le problème ? Personne ne s'y intéresse.

2.

Ces réformes
qui n'intéressent pas les présidents

Quand j'étais secrétaire général de l'Élysée, nous avions une réunion de cabinet tous les lundis et tous les vendredis. L'objectif était de balayer tous les thèmes importants qui allaient jalonner les prochains jours ou les prochaines semaines. Avant de commencer la rédaction de ce livre, j'ai repris mes notes de l'époque pour m'assurer que je ne me trompais pas : en trois ans, jamais le thème de la réforme de l'État en tant que telle n'a été abordé. Pas une proposition de loi, pas une mention. Ce sujet ne suscitait ni crainte, ni hostilité, ni agacement, ni lassitude, mais seulement de l'indifférence. Nous avons discuté de tout pendant ces séances de travail : de déchéance de nationalité, de maîtrise de l'immigration, de l'industrie verte et même du permis de conduire. Nous avons débattu de l'opportunité de faire passer telle ou telle loi, tel ou tel changement dans certaines administrations. Mais de la réforme de l'État, jamais il n'a été question.

Certes, un conseil de la simplification avait été installé et un secrétaire d'État à la Réforme de l'État et à la Simplification nommé au gouvernement début 2014. Mais l'histoire s'est arrêtée là. La position du

Ces réformes qui n'intéressent pas...

nouveau régime arrivé au pouvoir avec les élections de 2012 était au fond résumée par une observation figurant dans une de ces pages de notes datant de début 2014. Avec une certaine concision, j'avais synthétisé ainsi un échange tenu dans une réunion à l'Élysée : « Mieux communiquer sur la stratégie des déficits.» Mon inconscient avait parlé : le déséquilibre structurel des comptes en France n'avait rien d'une dérive accidentelle ou subie, mais relevait bien d'une forme de stratégie. Avec un cynisme bon enfant, j'avais réduit par ailleurs cette approche à un impératif de « com », ce qui n'est pas glorieux !

La réforme, aux yeux de l'écrasante majorité des responsables politiques, ce n'est pas un travail de fond, mais une manière de communiquer au gré de l'actualité. Il y a des violences durant les manifestations ? Concoctons vite une loi anti-casseurs ! Les sondages indiquent que les Français sont de plus en plus préoccupés par l'immigration ? Faisons une trentième loi sur le sujet, même si les vingt-neuf précédentes ne sont pas appliquées, comme le montre le taux ridicule d'exécution des obligations de quitter le territoire français (OQTF). Un rapport d'information du Sénat publié en mai 2022 sur la question migratoire révèle qu'au premier semestre 2021, à peine 5,7 % des 62 000 et quelques OQTF prononcées avaient été suivies d'effet. Et au cours des deux dernières décen-

Ces réformes qui n'intéressent pas...

nies, quelles que soient les majorités au pouvoir, ce taux n'a pratiquement jamais dépassé 20 % !

Pendant que le Parlement s'échine à voter de nouveaux textes, le quotidien des Français continue de se détériorer. Depuis la pandémie de Covid-19, terrible révélateur, l'hôpital s'enfonce inexorablement dans le chaos, tandis que les déserts médicaux s'étendent chaque année. Le Ségur de la santé a mis plusieurs milliards d'euros sur la table en pure perte. Rien d'étonnant, puisque le système d'organisation hospitalier est le même depuis l'immédiat après-guerre : la direction générale de la Santé exerce une autorité verticale sur l'ensemble du système. Un gage d'efficacité ? Pas sûr, puisqu'elle doit compter avec les velléités de quelques baronnies, dont la plus importante est l'AP-HP (Assistance publique-Hôpitaux de Paris). Un détail ! Les différents gouvernements ont de surcroît ajouté quelques couches au gâteau en forme de lasagne administrative, avec notamment la création des agences régionales de santé (ARS) en 2010. Résultat ? L'argent dépensé dans toutes ces « fonctions support » ne ruisselle pas jusqu'aux personnels soignants. Tandis que se déroule le Ségur de la santé, au printemps 2020, la lecture du « Panorama de la Santé » régulièrement publié par l'OCDE n'a rien d'un message d'espoir. Dans la plupart des États membres de cette organisation internationale, le personnel infirmier reçoit un traitement supérieur au salaire moyen du pays, ce qui n'est pas le cas de la France. Dans notre

Ces réformes qui n'intéressent pas...

pays, il ne perçoit alors que 39 % du revenu de leurs homologues luxembourgeois, 56 % des Américains, 61 % des Néerlandais, 67 % des Suisses, 71 % des Belges, 75 % des Espagnols, 79 % des Allemands, 83 % des Britanniques ou encore 91 % des Turcs. Seuls la Grèce et le Mexique font moins bien que la France. Il est sûr que remédier à une situation aussi dégradée, dans un contexte de tension sur les finances publiques, relève quasiment de l'héroïsme.

Les présidents, en France, depuis quarante ans, ont fait fonctionner leurs neurones et en ont tiré les conséquences : ils préfèrent les réformes sociétales à celles qui touchent à l'organisation de l'État. C'est moins risqué. François Mitterrand a ainsi fait de l'abolition de la peine de mort la grande affaire de son premier septennat. Jacques Chirac s'est attelé à la sécurité routière avec détermination, malgré les quolibets. François Hollande a fait du mariage pour tous un marqueur de son mandat. Emmanuel Macron veut imprimer son second quinquennat d'une grande loi sur la fin de vie. Nicolas Sarkozy a quant à lui fait passer une réforme marquante des institutions, qui fait une plus large place au rôle du Parlement et a donné à l'opposition de nouveaux droits. Il a également – il est le seul dans ce cas – procédé à de vastes opérations de modernisation de la machine étatique, avec la RGPP, ou révision générale des politiques publiques, lancée dès 2007. L'objectif affiché

Ces réformes qui n'intéressent pas...

de cette opération de rationalisation était de réduire les dépenses de l'État, d'améliorer l'efficacité de l'État et de renforcer la qualité des services publics. Suppression des doublons, simplification des procédures, promotion des nouvelles technologies, renforcement de la gestion des ressources humaines, évaluation régulière des politiques menées et des programmes engagés, les objectifs étaient ambitieux.

Les résultats de la RGPP ont été mitigés, et peuvent être interprétés de diverses manières selon le point de vue que l'on choisit. Jamais aucun pouvoir n'a réussi à réduire dans de telles proportions le nombre de fonctionnaires d'État. Celui-ci a augmenté quelle que soit la couleur politique du président entre 1997 et 2021, sauf pendant le quinquennat de Nicolas Sarkozy, selon les calculs de l'ancien magistrat à la Cour des comptes François Ecalle, qui évalue les politiques publiques sur son excellent site d'information et d'analyse économique Fipeco[1] : + 136 000 de 1997 à 2002 ; + 12 000 de 2002 à 2007 ; – 136 000 de 2007 à 2012 ; + 65 000 de 2012 à 2017 ; + 72 000 de 2017 à fin 2021. Voilà la version positive. Le scénario noir, lui, met en avant le nombre de postes d'enseignants et de policiers supprimés, et la baisse de qualité des services publics qui s'est ensuivie. Reconnaissons à Nicolas

---

1. François Ecalle, « Les effectifs de la fonction publique de 1997 à 2021 », Fipeco, 16 janvier 2023.

Ces réformes qui n'intéressent pas...

Sarkozy d'avoir tenté une réforme globale comme il n'y en avait pas eu depuis la Libération. Mais remarquons qu'il s'en est tenu à une vision purement budgétaire, sans l'accompagner de modifications de structures. Alors, le nombre de fonctionnaires a en effet un peu baissé, mais pour mieux augmenter à nouveau lors des quinquennats suivants. Pour le dire autrement, la RGPP n'a pas été la révolution nécessaire.

Cette révolution, toujours à venir, n'aurait rien de sanglant. Elle consisterait juste à en finir avec les sureffectifs et les « doublons » qui fourmillent dans le paysage administratif français. Un exemple parmi tant d'autres, mais un exemple vécu. Quand je suis nommé secrétaire d'État aux Affaires européennes, je comprends que je dois composer avec de nombreuses instances : la direction des Affaires européennes du Quai d'Orsay ; le secrétariat général des Affaires européennes, qui est installé à Matignon mais qui dépend aussi de Bercy ; la représentation permanente à Bruxelles qui se veut indépendante des deux premiers pour ne dépendre que du président de la République et du ministre des Affaires étrangères, services auxquels il faut ajouter le secrétariat général de la présidence française de l'Union européenne (SGPF), qui s'occupe de la logistique, décide du lieu des différentes réunions, choisit les logos et la couleur des cartables offerts. Cette étrange juxtaposition – absurde diraient certains – de structures, qui souvent

Ces réformes qui n'intéressent pas...

empiètent les unes sur les autres, m'a beaucoup surpris, alors que je totalisais déjà vingt-cinq ans d'exercice dans la haute fonction publique. Le SGPF, qui devait être par nature un organe éphémère, a quant à lui engendré des créations de postes supplémentaires qui se sont ensuite perdus dans le grand flou des liasses budgétaires.

Sans vouloir le moins du monde exonérer les présidents de leurs responsabilités, car c'est à eux de donner l'impulsion nécessaire au changement, force est de reconnaître qu'ils n'ont pas la tâche facile. D'abord parce qu'ils sont accaparés, plus que tout autre chef d'État ou de gouvernement dans une démocratie, par des sollicitations aussi diverses que nombreuses, des nominations à la lutte contre le réchauffement climatique en passant par le soutien aux PME ou la fiscalité. Ensuite parce que, ces dernières années, les menaces externes et internes n'ont cessé de grandir. Le président est donc confronté à une course de vitesse.

C'est d'abord en conseil des ministres que se prennent les décisions relatives à l'État : projets de loi, propositions de décrets et bien entendu nominations, puisque le chef de l'État pourvoit aux postes de directeurs d'administration centrale, de préfets, de recteurs, d'ambassadeurs, de dirigeants d'entreprises publiques... Mais une fois les arbitrages opérés, rien n'est gagné. Toute administration peut résister à des décisions telles que la diminution de son budget,

Ces réformes qui n'intéressent pas...

la réduction de ses effectifs... ou n'importe quelle réforme qu'elle juge inopportune. Bien sûr, elle ne se montre en aucun cas déloyale mais répugne à toute tentative de simplification, alors que la complexité et l'inflation réglementaires étaient et restent encore les symboles de sa réussite et les attributs de son pouvoir.

Sous François Hollande, alors que j'étais au cœur de la machine – à l'Élysée –, le ministre chargé des Relations avec le Parlement devait établir en conseil des ministres le bilan chiffré des projets de lois et de leur délai d'application, cela afin qu'ils ne restent pas lettre morte. Puis, chaque mois, était effectué un décompte précis des mesures prises, et de celles qui restaient à adopter. La quantité, toutefois, n'est pas un indicateur fiable de la qualité réformatrice. Plus de 400 lois ont été adoptées entre 2012 et 2017. François lui-même a reconnu que c'était excessif et que ce nombre ne traduit ni l'efficacité de l'action ni l'ampleur des transformations recherchées.

Il en est de même pour le « choc de simplification » qu'il avait annoncé en 2013. Le terme « choc » était utilisé à dessein pour souligner l'ambition de l'initiative et la volonté de rupture qui l'animait. Il s'agissait tout à la fois de réduire les démarches et les formalités inutiles ou excessives auxquelles sont confrontés les entreprises comme les citoyens (création d'une société, déclarations fiscales, demandes de permis...), de juguler l'inflation du corpus législatif et réglementaire français (suppression des lois

Ces réformes qui n'intéressent pas...

et règlements obsolètes ou redondants), de fluidifier les relations avec l'administration (mise en place de guichets uniques, numérisation des services publics...), de recueillir les suggestions des différentes parties prenantes (syndicats, entreprises, associations représentant les citoyens...). La volonté de libérer l'économie et de stimuler la croissance était clairement énoncée, et le projet plus qu'ambitieux. Résultat ? Pas de choc mais une remarquable force de résistance au changement !

L'administration a eu raison de ce grand dessein : le manque de coordination entre les différents ministères, les différences d'approches, les velléités de diriger l'opération ont suffi à terrasser la volonté de l'Élysée.

Les aménagements du statut d'autoentrepreneur, la dématérialisation de certaines procédures, entre autres, sont des ingrédients nécessaires, mais pas suffisants, pour produire le choc de simplification que voulait François Hollande. Il faut cependant tenir compte du contexte dans lequel se déroulait cette ambition : le président eut au même moment à affronter un combat fanatique mené contre la France et des attaques terroristes d'une violence inégalée. Il a su faire preuve, contrairement à son image, d'une grande autorité pendant toutes ces semaines de crise mais aussi, ce qui est moins connu, après les attentats, notamment celui du Bataclan.

Lors de son arrivée au pouvoir, dans une période – pour un temps – moins dramatique, Emmanuel Macron fera de la réforme de l'État l'un des piliers de

Ces réformes qui n'intéressent pas...

sa politique. Et il le dit ! Il entend lui aussi moderniser et simplifier l'administration française pour la rendre plus réactive et plus efficace. Contrairement à François Fillon qui entendait supprimer 500 000 postes en cinq ans, il s'était montré prudent lors de sa campagne sur la réduction des effectifs dans la fonction publique, limitant ses ambitions à une baisse de 120 000 agents. Mais surtout, il considérait, à juste titre, qu'une éventuelle diminution de la masse salariale dans le secteur public devait être non un préalable, un objectif en soi, mais la résultante d'une transformation en profondeur de la culture administrative. C'est dans cet esprit que le président lance, avec son Premier ministre Édouard Philippe, le Comité action publique 2022 (CAP 2022). Une trentaine de personnalités sont chargées de réfléchir à une amélioration des services publics, à la simplification administrative (encore elle !), au renforcement de la performance et à une exploitation optimale de la révolution numérique. Il s'agit, selon les mots du chef du gouvernement, de « réfléchir sans totems, sans tabous au rôle de l'État et de la sphère publique dans la France du XXIe siècle, pour repenser les politiques publiques ».

Las ! Deux ans après, un rapport sénatorial rendait un constat sans appel : l'ambitieux dessein a accouché d'une souris. Ou si on a mauvais esprit, d'un escargot. « Entre 2017 et 2019, les ministères et les opérateurs de l'État n'ont supprimé que 5 824 postes. La masse salariale de l'État a même augmenté de 3,61 milliards

Ces réformes qui n'intéressent pas...

d'euros », peut-on lire dans ce document[1], qui constate par ailleurs le caractère à la fois très général et parfois anecdotique des différentes recommandations : « Sur le plan de la méthode, le Comité action publique 2022 n'a pas eu les effets escomptés. Loin de refléter une véritable vision du service public, ses propositions sont à la fois éparses et générales : "refonder l'administration autour de la confiance et de la responsabilisation", "se loger mieux à moindre coût", "aller vers une société zéro cash pour simplifier les paiements tout en luttant mieux contre la fraude fiscale", etc. » La crise des Gilets jaunes est passée par là, avec sa demande accrue de services publics. Au sortir du grand débat national qu'il a lancé, le nouveau président admet renoncer, de fait, à réduire le nombre de fonctionnaires pendant son premier quinquennat. « Il y a trop de monde à Paris [...] et pas assez sur le terrain », déclare tout de même le chef de l'État lors de la conférence de presse durant laquelle il rend compte de ses échanges avec les élus locaux et les citoyens, en avril 2019. Des paroles qui ne seront pas suivies de conséquences... Si ce n'est que plus de 120 000 emplois publics ont été créés depuis 2020. Soit beaucoup plus que sous Nicolas Sarkozy et François Hollande.

Il est vrai que le chantier a de quoi décourager les meilleures volontés.

---

1. Catherine Di Folco et Loïc Hervé, *Rapport sur le projet de loi de transformation de la fonction publique*, 12 juin 2019.

3.

Harcèlement textuel

Il est un monstre qui est en train de terrasser les maires de France : le harcèlement des normes, des règles, des circulaires en tous genres auxquels ils sont soumis chaque jour. La moitié d'entre eux assuraient ainsi ne pas vouloir se représenter en 2026. Parmi les motifs de ce désenchantement, le « harcèlement textuel » arrive en tête, loin devant. Loin devant les menaces dont ils font l'objet de plus en plus fréquemment. Loin devant la lassitude que l'on peut éprouver lorsqu'on doit être disponible pour les autres 24 heures sur 24, 365 jours par an. C'est dire si l'affaire est grave !

Même le plus hypermnésique des élus ne peut retenir toutes les normes qui s'appliquent à l'exercice de son mandat : il y en a aujourd'hui plus de 400 000 !

Tout à fait alarmant, mais pas du tout surprenant quand on observe la taille du Code général des collectivités territoriales. Il est trois fois plus épais qu'il y a dix ans et dépasse désormais le million de mots. Celui de l'urbanisme a lui aussi pris de l'embonpoint : + 44 % en dix ans.

Le Code de l'environnement n'est pas en reste. Il détient même, à sa façon, une sorte de record : en

Harcèlement textuel

dix ans, il est passé de 100 000 à 1 million de mots, soit une multiplication par dix. Il contient un certain nombre d'articles qui concernent les particuliers, lesquels n'auront jamais la moindre chance de les lire. Ainsi ceux qui résultent de la loi de 2020 sur l'économie circulaire. Celle-ci prévoit notamment l'obligation de compostage pour tous à dater du 1er janvier 2024, dans son article L. 541-21-1. Ce charmant texte contient des phrases telles que : « Les biodéchets entrant dans un traitement aérobie ou anaérobie ne peuvent être considérés comme recyclés que lorsque ce traitement génère du compost, du digestat ou un autre résultat ayant une quantité similaire de contenu recyclé par rapport aux intrants, qui doit être utilisé comme produit, matière ou substance recyclés. »

Peut-on parler d'un vocabulaire accessible à tout un chacun ? Mais le plus extraordinaire est que ni cette loi ni ses décrets d'application ne prévoient la moindre sanction en cas de non-respect de ces nouvelles règles. L'inflation législative s'apparente donc à un prêche dans le désert, exprimé dans une langue incompréhensible – mais est-ce bien important puisque cela reste sans conséquences pour celui qui la méconnaît ? Ou plus exactement avec des conséquences variables.

Car l'élu local qui méconnaît un des millions d'articles des différents codes, de décrets, de normes en

Harcèlement textuel

tous genres peut lui se retrouver dans la plus grande difficulté. Tout est réglementé dans le moindre détail : le chauffage des piscines municipales, l'épaisseur de la glace des patinoires, la diversité des menus servis par les cantines scolaires... À elle seule, la réglementation thermique des bâtiments scolaires s'étale sur 1 800 pages ! Oui, 1 800 pages...

Déjà en son temps, Montaigne moquait « l'ambition de couvrir par le droit l'infinie diversité des actions humaines ». Cette ambition n'a cessé d'enfler, quelles que soient les majorités au pouvoir. La Commission pour la libération de la croissance française, dite commission Attali, mise en place par Nicolas Sarkozy, évaluait en 2008 les coûts engendrés par la complexité normative à 3 % du PIB européen et à 60 milliards d'euros pour le seul budget de la France. Une commission dont le rapporteur était un jeune inspecteur des Finances nommé Emmanuel Macron.

Celui-ci n'avait pas oublié ces chiffres après avoir été élu président : « Sachons mettre un terme à la prolifération législative », disait-il devant les parlementaires réunis en congrès le 3 juillet 2017. « Cette maladie, nous la connaissons, elle a été tant et tant nommée et je crains moi-même dans une vie antérieure d'y avoir participé. Elle affaiblit la loi qui perd dans l'accumulation des textes une part de sa vigueur et certainement de son sens. » Las ! Selon le haut fonctionnaire

37

Harcèlement textuel

Christophe Eoche-Duval, « la "prolifération", toutes normes confondues, a augmenté de 15 % sous son premier quinquennat[1] ».

L'une des lois votées durant ce mandat se nomme pourtant « loi 3DS », pour différenciation, décentralisation, déconcentration et… simplification. Elle s'adresse essentiellement aux élus locaux, et touche à la fois à la gestion des intercommunalités, à la réforme de la métropole Aix-Marseille, à la transition écologique, au logement social, à la santé et à la cohésion sociale. Ouf ! Elle ne compte pas moins de 271 articles, et contribue, selon de nombreux élus locaux, à leur faire subir des injonctions contradictoires. Ainsi par exemple du principe de « zéro artificialisation nette » (ZAN), qui demande aux territoires, communes, départements, régions de réduire de 50 % le rythme d'artificialisation et de consommation des espaces naturels, agricoles et forestiers d'ici à 2030 par rapport à la consommation mesurée entre 2011 et 2020. Très légitime en soi – 20 000 à 30 000 hectares sont artificialisés chaque année, selon le ministère de la Transition écologique –, il risque d'accroître la pénurie foncière alors que la crise du logement ne cesse de s'accentuer.

---

1. Christophe Eoche-Duval, « Plutôt que de perpétuer l'inflation normative, la France gagnerait à mieux appliquer les textes existants », *Le Monde*, 8 août 2022.

Harcèlement textuel

Dans une tribune publiée dans *L'Opinion* en juin 2023[1], l'ancien Premier ministre Bernard Cazeneuve en rappelait les termes : « Alors que 100 000 nouveaux logements sociaux devraient sortir de terre chaque année pour satisfaire la demande, il ne s'en construit, depuis 2017, que 88 000. Le marché de la location immobilière est bloqué, avec deux fois moins d'offres, pour une demande 1,5 fois supérieure à ce qu'elle fut jadis. 2,3 millions de Français sont demandeurs d'un logement social [...], 4,1 millions de Français sont mal logés et 330 000 sont sans domicile fixe. En quelques mois, la délivrance de permis de construire a chuté de 30 %, l'octroi de crédits immobiliers de 40 %. Et voilà que le mal-logement énergétique émerge : 12 millions de nos concitoyens sont en précarité énergétique, 50 000 logements doivent être remplacés car leur rénovation serait trop onéreuse. 4,7 millions de logements (40 % du marché locatif privé !) risquent d'être interdits à la location du fait de leur classement énergétique. » Une voix venue de la droite se montrait également très critique : « Le texte a été conçu de façon technocratique et risque de s'appliquer au détriment de la ruralité. Nous demandons au gouvernement de revenir en profondeur sur ces dispositifs », affirmait David Lisnard, maire LR de Cannes et président de l'AMF (Association des maires de France).

---

1. Bernard Cazeneuve, « Logement : le naufrage d'une politique », *L'Opinion*, 14 juin 2023.

Harcèlement textuel

Le harcèlement textuel et l'inflation normative ont fait l'objet de nombreux rapports, mais rien n'y fait. Tout a été dit, par exemple dans l'excellent travail réalisé en 2018 par l'ex-sénateur Alain Lambert et l'ex-député Jean-Claude Boulard à la demande du Premier ministre d'alors, Édouard Philippe. Une phrase dans leur texte résume parfaitement l'incurie française : « Une société a besoin de normes, mais il en est des normes comme du poivre et du sel. Leur absence comme leur excès rend le tout inconsommable. » Certains élus, pourtant, ne se résignent pas. Le 16 mars 2023, le Sénat, chambre des territoires, organisait encore des « états généraux de la simplification ».

Selon la sénatrice centriste Françoise Gatel, présidente de la délégation sénatoriale aux collectivités, cette boulimie bloque les élus dans leur action, parce qu'elle augmente le coût des projets, d'une part, et qu'elle mobilise des moyens humains superflus, d'autre part. Un sondage présenté à cette occasion révèle que 80 % des élus interrogés dans toutes les strates de la « lasagne territoriale » (communes, communautés de communes, départements, régions) estiment que le poids de la norme s'est aggravé depuis 2020. Il entraîne dans 16,8 % des cas l'abandon pur et simple d'un projet, dans 25 % des cas son report, et dans un tiers des cas une augmentation des coûts. 68 % d'entre eux sont confrontés à des normes contradictoires, et trois sur quatre sont confrontés à des

Harcèlement textuel

interprétations variables. Voilà ce qu'on peut appeler une situation sous tension !

« Nous frôlons le vertige », dit Françoise Gatel à la tribune, appelant à « se désengager du corset de la norme pour pouvoir non seulement agir, mais encore optimiser la dépense publique ». Et d'ajouter : « La norme, qui est nécessaire et utile, quand elle devient obèse, ralentit et empêche même des réalisations. » Comme l'enfer, le harcèlement textuel est pavé de bonnes intentions, comme le montre l'exemple du « zéro artificialisation nette » : il répond à des objectifs environnementaux, à des impératifs sanitaires, à des principes d'égalité des droits. Il s'est nourri, aussi, de la décentralisation. Quand, dans les années 1980, l'État a transféré des prérogatives aux collectivités locales, il n'a pas su leur faire confiance, et a donc accouché de règles en tous genres pour encadrer, voire corseter l'action des nouveaux responsables.

Or, entre-temps, la société s'est complexifiée et la réglementation encore plus vite, comme si elle ne parvenait pas à suivre. Il y a là une sorte de course-poursuite infernale – et forcément perdante – entre la société dans son ensemble et le microcosme qui est censé la réguler en conciliant des intérêts souvent opposés.

Au printemps 2023, les députés Véronique Louwagie (LR) et Robin Reda (Renaissance) publient un rapport d'information dans lequel ils évoquent aussi un effet pervers moins connu : celui qu'engendre la mesure de

Harcèlement textuel

la productivité de l'administration. « Au fil des années, suivant l'idée louable de vouloir connaître au mieux la performance des administrations publiques et de leurs agents afin d'en rendre compte aux supérieurs comme aux citoyens et d'identifier les dysfonctionnements pouvant permettre un travail plus efficace et plus économe des deniers publics, se sont multipliées les tâches de *reporting*, c'est-à-dire de conception, puis de renseignement, de compilation et enfin d'analyse d'indicateurs », écrivent-ils, avant de citer l'exemple des agences régionales de santé : en 2022, pas moins de 8 400 données chiffrées pour chacune des ARS ont été recueillies par le ministère de la Santé et de la Prévention tandis que les instructions émises à destination de celles-ci totalisent 4 300 pages !

Cette inflation normative implique évidemment des enjeux financiers, mais pas seulement. Elle se transforme aussi en atteintes parfois graves aux libertés, car personne ne peut plus connaître la totalité des lois et des règlements en vigueur. Cela pose un sérieux problème de citoyenneté, car le caractère inaudible de la norme renforce l'impuissance publique et la défiance à l'égard de l'administration. Comment les Françaises et les Français peuvent-ils admettre la cohabitation entre l'abondance de dépenses publiques et la pénurie voire la médiocrité de certains services de l'État ? Comment pourraient-ils ne pas attribuer ce redoutable écart à la multiplication des normes,

Harcèlement textuel

qui semblent préoccuper davantage responsables politiques et fonctionnaires que l'efficacité et la lisibilité de leur action ? Ce que la *vox populi* peut résumer ainsi : « Plus on annonce des simplifications, plus à la fin c'est compliqué. »
Une autre explication de l'inflation réglementaire réside dans la manie de la dérogation qui s'est emparée de ceux qui doivent traduire les lois en décrets. Parce que les textes votés, souvent monolithiques, ne sont pas applicables en l'état, la liste des exceptions s'allonge à l'infini.

4.

Des administrations féodales

« Les Français ont le sentiment d'être une nouvelle fois embarqués dans un train dirigé par des
conducteurs qui ne savent pas vraiment où ils vont.
Quelle est la destination ? Quel est le projet ? », esti-
mait le géographe Christophe Guilluy dans *Le Figaro*,
fin mars 2023[1]. Le manque de dialogue entre l'administration et les citoyens, en France, pourrait faire
l'objet d'un ouvrage volumineux. Il tient, selon moi,
à un malentendu qui perdure depuis des décennies.
Les différents responsables politiques qui se sont attelés à une réforme de l'État se trompent d'objectif.
Bien souvent, ils suppriment les services publics qui
sont au contact des usagers. Ce fut le cas avec la
diminution du nombre de bureaux de poste, de tribunaux de proximité, de paieries dans les territoires,
mais aussi d'hôpitaux de proximité. Droite et gauche
confondues ont ainsi supprimé des milliers de postes
en province tout en augmentant les effectifs dans les

---

1. Christophe Guilluy, « Les Français ont le sentiment d'être
embarqués dans un train dont les conducteurs ne savent pas
où ils vont », propos recueillis par Alexandre Devecchio, *Le
Figaro*, 30 mars 2023.

Des administrations féodales

métropoles. Je me souviens d'un rapport de l'inspection des Finances qui préconisait la suppression du service des impôts à Lens, au motif que le contribuable le plus riche était un médecin, et qu'il n'y avait par conséquent aucun rendement fiscal à attendre, bref, qu'il n'y avait rien à espérer de cette ville ! Je m'en souviens d'autant mieux que j'étais un des auteurs dudit rapport ! Débutant dans la fonction publique, je passais ainsi par pertes et profits tous les démunis qui devaient se rendre jusqu'à Arras pour régler leurs problèmes. C'était un peu – trop – expéditif.

C'était il y a quarante ans. Depuis, le panorama a-t-il vraiment changé ? Certes, il y a eu le progrès lié à la reconnaissance du « droit à l'erreur » issue de la loi Essoc (loi pour un État au service d'une société de confiance). Un premier bilan, présenté début 2021 par Bercy, indique que le contentieux fiscal, notamment avec les PME, a diminué, tandis que la demande spontanée de conseils de la part des entreprises sur leur situation en matière d'impôt a eu tendance à augmenter. Et surtout, la philosophie qui sous-tend cette loi est la bonne : toute personne ou tout dirigeant de société qui a commis une erreur de bonne foi doit pouvoir régulariser sa situation sans être sanctionné.

Mais il n'est pas sûr qu'une telle mesure, pourtant disruptive, ait changé la perception que les Français ont de leur administration. Au cours de l'année 2023, ils ont découvert, parfois avec stupeur, une obligation

Des administrations féodales

déclarative nouvelle, celle de leurs biens immobiliers, au service des impôts. Cette obligation résulte de la suppression de la taxe d'habitation, qui a contrarié la mise à jour des bases fiscales dont dispose la DGFiP (direction générale des Finances publiques). Les résidences secondaires et les logements vacants demeurent en effet soumis à cette taxe, contrairement aux résidences principales. C'est donc aux propriétaires eux-mêmes d'effectuer le travail de réactualisation sur le site Internet des impôts. Aucune autre possibilité ne leur est offerte, ce qui n'a pas manqué de susciter un vent de panique, et parfois une brise d'indignation. « Gérer mes biens immobiliers » est donc accessible uniquement en ligne. Celles et ceux qui ne disposent pas d'Internet ou qui se sentent mal à l'aise avec le digital n'ont d'autre choix que de joindre leur centre des impôts par téléphone, de se rendre dans une maison France services pour solliciter de l'aide... ou de grossir les files d'attente interminables qui se sont formées devant les centres des impôts à l'approche de l'été. On a donc transformé les usagers en agents des impôts... non déclarés. Un progrès ? Pas sûr du tout. D'autant plus que le fisc ne cesse d'accroître les questionnaires sur les réfections immobilières, les locations meublées ou non, la superficie de votre douche ou de votre salle de bains. Le ministre du Budget en a pris conscience et a prorogé les délais de réponse sans que cela soit réellement suffisant. Ainsi la simplification digitale

Des administrations féodales

peut entraîner une hypercomplexité pénible – certains la qualifient de délirante.

Même les plus aguerris ont eu des sueurs froides. Ainsi, les sociétés civiles immobilières ne disposaient-elles pas d'un numéro fiscal et ne pouvaient donc effectuer la démarche. Elles ont dû en demander un aux services fiscaux pour se mettre en règle. Cette obligation déclarative ne se reproduira pas tous les ans, a tenté de rassurer l'administration. Il n'empêche. Les contribuables qui ont dû arriver dès l'aube devant leur centre des impôts pour avoir une chance d'être reçus n'oublieront pas de sitôt cette mésaventure.

Un autre acronyme est riche de mystères. Ainsi, personne ou presque ne connaît ce que signifie Cerfa (centre d'enregistrement et de révision des formulaires administratifs). Mais cet acronyme, au fil des ans, est presque devenu un nom commun, tant ces formulaires administratifs sont maintenant incontournables dans la vie quotidienne. Le seul ministère de l'Intérieur en propose plusieurs dizaines. Douze concernent les armes. Entre autres : Cerfa 12644*04 pour la « demande d'autorisation d'acquisition, de détention d'armes et de munitions, de renouvellement d'autorisation de détention », Cerfa 14251*03 pour la « demande d'enregistrement, d'acquisition, vente, cession ou mise en possession d'une arme ou d'un élément d'arme du 1° de la catégorie D », voilà juste quelques exemples... Il existe aussi 7 formulaires

Des administrations féodales

différents pour les associations, 5 pour les cartes professionnelles, 7 pour les chiens dangereux, 5 pour les débits de boissons, 22 pour les élections, 13 pour les étrangers en France, 11 pour les cartes grises de véhicules – onze ! –, 7 pour le permis de conduire, 5 pour les manifestations culturelles et sportives... Un inventaire à la Prévert.

Le ministère de la Transition écologique n'est pas avare non plus de formulaires. Le Cerfa 13967*01 concerne l'« attestation de travaux d'amélioration de la performance énergétique pouvant donner lieu à une participation du locataire du parc public ». Ouf ! Le 14734*04 porte sur une « demande d'examen au cas par cas préalable à la réalisation éventuelle d'une évaluation environnementale » ; le 14528*01, sur une « attestation de conformité d'un réseau de distribution de gaz combustible ». Un dernier exemple m'a laissé songeur : le 14164*01 est pour une « demande d'autorisation transitoire de mise sur le marché d'un produit biocide[1] ».

Une conclusion s'impose après ces différents constats : il n'y a plus de pilote politique de la réforme de l'État.

_____

1. L'appellation « produits biocides » regroupe un ensemble de produits destinés à détruire, repousser ou rendre inoffensifs les organismes nuisibles, à en prévenir l'action ou à les combattre, par une action chimique ou biologique.

Des administrations féodales

La collectivité dépense près de 1 milliard d'euros par semaine pour les lycées professionnels, la santé, l'industrie verte (en demandant aux banques de financer un nouveau compte climat, alors que cela devrait résulter des liquidités des ménages telles que celles versées sur le livret A, très nettement abondé pendant la pandémie de Covid-19 !), sans parler des coups de pouce donnés aux classes moyennes, que l'on a semblé redécouvrir depuis le retour de l'inflation, en 2022.

On dépense toujours plus pour l'hôpital public (la France se situe au deuxième rang dans le classement de l'OCDE pour les dépenses hospitalières) sans que la qualité ou la proximité s'améliorent, pas plus que les conditions de travail du personnel soignant. À l'évidence, c'est même le contraire. Comme le notait un rapport du Sénat publié quelques années après leur création[1], les ARS, issues de la fusion de sept services ou organismes de statuts divers, se sont vu assigner trois missions principales : garantir davantage d'efficience dans la régulation de l'offre de soins, notamment pour assurer le respect de l'Ondam[2] ;

---

1. Jacky Le Menn et Alain Milon, *Les Agences régionales de santé : une innovation majeure, un déficit de confiance,* mission d'évaluation et de contrôle de la Sécurité sociale, rapport d'information n° 400 (2013-2014).
2. L'Objectif national de dépenses d'assurance maladie (Ondam) fixe les dépenses à ne pas dépasser en matière de soins de ville et d'hospitalisation dispensés dans les établissements privés ou publics ainsi que dans les centres médico-

Des administrations féodales

renforcer la territorialisation des politiques de santé ; assurer le décloisonnement des prises en charge grâce à un pilotage unifié des secteurs ambulatoire, hospitalier et médico-social ainsi que des missions de santé publique et de veille et sécurité sanitaires. Cela apparaissait donc comme un progrès en matière de réforme et de rationalisation. Mais, comme le notent les deux sénateurs qui ont rédigé ce rapport, « l'administration centrale n'a pas été réformée et n'a pas modifié ses méthodes de travail qui reposent encore trop sur une vision prescriptive, voire tatillonne, au détriment de la fixation d'objectifs stratégiques à remplir par l'échelon territorial ».

Ils soulignent en outre « la nécessité de faire confiance aux acteurs qui sont le plus proches du terrain ». Et de préciser : « Cette subsidiarité concerne à la fois les administrations centrales dans leurs relations avec les ARS mais aussi les ARS dans leurs relations avec leurs partenaires locaux. » Ces structures ont elles-mêmes reproduit les organigrammes en vigueur dans tout le secteur public : un secrétariat général qui dépasse parfois cinquante personnes, avec un pôle budget, achat et immobilier, un autre chargé de la documentation, des archives et du courrier, un autre dévolu à la logistique, un autre encore aux affaires juridiques, chapeautés par une « direction déléguée

---

sociaux. Il est fixé chaque année par la loi de financement de la Sécurité sociale.

Des administrations féodales

aux Affaires générales » elle-même rattachée au secrétariat général...

De plus, les ARS mobilisent plusieurs dizaines de médecins à plein temps pour surveiller... les pratiques des médecins de ville. Cela alors que nous souffrons d'un manque de praticiens sur nos territoires !

Notons que certaines de ces ARS, malgré leur lourdeur bureaucratique, tentent de se rapprocher du public en indiquant, dans des plaquettes spécialement prévues à cet effet, les personnes à contacter dans chaque département. Mais tout de même, tout ça pour ça !

Les hommes d'État font la République et les hauts fonctionnaires ont pour mission de la préserver. C'est ainsi que j'ai toujours considéré ma mission de serviteur de l'intérêt général. Mais je dois reconnaître avoir parfois fait preuve, moi aussi, de conservatisme. Quand j'étais à l'Élysée, le président Hollande souhaitait, comme ses prédécesseurs et successeurs, une réforme de l'ENA. Créée en 1945 par Michel Debré pour démocratiser et professionnaliser la haute fonction publique, jusqu'alors abîmée, avant-guerre, par une discrète cooptation entre grandes dynasties administratives, cette école demeure aux yeux de certains un symbole de la méritocratie républicaine, mais est considérée par d'autres comme un temple de l'entre-soi et de la reproduction sociale. La vérité est bien entendu entre les deux. Mais les reproches

Des administrations féodales

les plus véhéments formulés ces dernières décennies concernaient le classement de sortie, qui déterminait à l'âge de 25 ans en moyenne la vie professionnelle de chaque énarque jusqu'à l'âge de la retraite. Les mieux notés choisissaient le Conseil d'État ou l'inspection des Finances, puis venait la Cour des comptes. À eux, l'avenir s'offrait sans un nuage. En 2008, le président Sarkozy s'empare du dossier, jugeant « choquant que le résultat d'un concours passé à 25 ans oriente toute une vie professionnelle » et souhaitant créer en remplacement des « listes d'aptitude » permettant « de mieux concilier la demande des administrations et les attentes des agents, aussi bien professionnelles que personnelles ». La majorité des élèves de l'ENA se déclarent alors favorables à ce changement qui permettrait l'émergence d'un véritable marché de l'emploi public.

Une commission est constituée afin de réfléchir aux modalités d'une telle réforme. Je suis chargé de la présider. Au bout d'un an de travaux, je publiais une tribune dans *Le Monde*[1] qui résumait à la fois mon état d'esprit et le consensus auquel nous étions parvenus : « En France, l'École nationale d'administration (ENA) occupe une place singulière qui tient peut-être à la dramaturgie qui entoure sa procédure

---

1. « Il faut supprimer le classement de l'ENA », par Jean-Pierre Jouyet, président de l'Autorité des marchés financiers, *Le Monde*, 12 octobre 2010.

Des administrations féodales

de sortie, dominée par le sacro-saint classement. Sorti moi-même à l'inspection générale des Finances (IGF), ayant souvent accueilli comme directeur du Trésor puis comme chef du corps de l'IGF de jeunes énarques, j'étais de ceux qui ne doutaient pas des vertus du classement. Mais après avoir travaillé un an aux côtés des membres, issus du privé et du public, de la commission chargée de réfléchir à l'évolution de la procédure de sortie de l'ENA, ma conviction est faite : cette procédure doit être réformée et le classement supprimé, pour répondre aux aspirations des élèves certes, mais surtout dans l'intérêt du service public. »

Je décrivais alors le fonctionnement du système en place : « En réalité, comment fonctionne le classement actuel ? D'un côté, des employeurs se livrent à un concours de beauté pour attirer les élèves les mieux placés, sans considération pour la sincérité de leur vocation, la logique de leur parcours ou leur vrai potentiel. De l'autre, des élèves séduits par la hiérarchie implicite des corps choisissent d'abord leur affectation à l'aune de ce critère, au mépris parfois de leur projet professionnel initial, de leurs dispositions naturelles, voire de leur appétence pour telle ou telle filière. » J'en décrivais les conséquences : « La relation employeur-employé en est inversée, non seulement par rapport à ce qui se fait sur le marché du travail, mais aussi au sein même de la fonction publique, où la règle générale veut pourtant que le

Des administrations féodales

classement par ordre de mérite n'emporte aucun droit des candidats au choix d'une affectation. Surtout, cette procédure est une machine à fabriquer de la frustration : celle d'élèves qui ont fait un choix par défaut ou par dépit ; celle d'administrations qui ont recruté des élèves parfois peu motivés parce que davantage attirés par "l'image" que par la réalité. Ils sont donc plus soucieux de trouver des portes de sortie que de s'investir dans la durée.»

Puis j'exposais une solution qui balayait, selon moi, cette idée reçue que le classement de sortie est le plus mauvais des systèmes à l'exception de tous les autres : «À ceux qui objecteraient qu'il n'y a pas d'autre système possible, je réponds que c'est faux, et que l'on peut très bien, comme le demandait dès 1972 la promotion Charles de Gaulle, orienter les élèves "dans des emplois en fonction des besoins de l'État et des préférences de chacun". C'est à cette tâche que s'est attelée la commission que j'ai l'honneur de présider. Nous avons bâti une procédure de sortie ouverte et transparente qui repose sur une règle simple : aucun élève ne peut être affecté à un poste qu'il n'a pas choisi ; aucune administration ne peut se voir affecter un candidat qu'elle n'a pas retenu. Sur la base de fiches de poste détaillées, de critères de sélection transparents et identiques pour tous, d'un dossier de candidature "anonymisé", d'entretiens encadrés et organisés de façon collégiale, les élèves et les employeurs se découvrent mutuellement.

Des administrations féodales

À l'issue de cette phase, chacun transmet à la commission ses préférences : les premiers sur les postes proposés, les seconds sur les candidatures reçues. C'est la commission qui veille, en toute indépendance, à l'appariement des souhaits des uns et des autres.» Mais ce dispositif, formalisé dans un projet de décret, partiellement contesté par le Conseil d'État, sera inséré dans un amendement lors de l'examen au Parlement du projet de loi sur la précarité dans la fonction publique. Lequel amendement sera censuré par le Conseil constitutionnel, car considéré comme un « cavalier législatif », autrement dit « hors sujet » par rapport au texte de loi principal. Au total, l'exécutif, sous le mandat de Nicolas Sarkozy, est empêché à trois reprises d'aller au bout de la réforme. En 2009, elle a été rejetée par les députés de la commission des lois. En 2010, le décret qui la reprend en a suspendu l'application. Et en 2011, le Conseil constitutionnel censure le texte.

Lorsque je rejoins la présidence en 2014, il est de nouveau question de réformer l'ENA. Et même de la supprimer !

François Hollande souhaitait aussi une réforme profonde de l'école afin de diversifier davantage la haute fonction publique et d'assurer une meilleure connaissance du terrain pour les fonctionnaires.

Ma responsabilité dans l'absence de mise en œuvre de cette réforme ? Eh bien, je devins en tant que secrétaire général de l'Élysée le plus farouche défenseur

Des administrations féodales

des privilèges de l'ENA, jusqu'à en oublier mes prises de position d'autrefois ! Mon conservatisme, enfin disons ma prudence, était bien sûr nourri par ma proximité avec les grands corps et avec ceux et celles qui servaient l'État. Et j'en fus réduit à convaincre notre président d'abandonner cette réforme afin qu'il ne soit pas accusé en fin de mandat de mettre à mal une institution.

Alors que de toute évidence c'était François Hollande qui avait raison et qu'ensuite ce fut Emmanuel Macron qui alla plus loin en supprimant l'ENA pour la remplacer par une nouvelle école du service public. Même si les principes de fonctionnement de cette nouvelle école ne sont pas très clairs – ce qui peut décourager les vocations des jeunes gens pour l'intérêt général – et que la réorganisation des corps diplomatiques et préfectoraux suscite bien des inquiétudes chez les titulaires, la volonté du président Macron incarne cependant une réforme nécessaire telle que je l'avais présentée en 2010, sans la concrétiser.

Les citoyens peuvent légitimement par ailleurs se poser des questions sur le sort des lois votées et promulguées, mais qui demeurent lettre morte faute de décrets d'application. Comment peuvent-ils s'impliquer dans la vie de la cité si les textes votés par les élus ne débouchent sur rien de concret ?

Le Sénat a débattu, le 31 mai 2023, du bilan de l'application des lois votées entre le 1er octobre 2021

Des administrations féodales

et le 30 septembre 2022. Un travail très minutieux, établi par la sénatrice LR de l'Aisne, Pascale Gruny, présidente de la délégation du bureau chargé du travail parlementaire, du contrôle et du suivi des ordonnances.

Au cours de cette période à cheval sur deux quinquennats, 64 lois ont été adoptées ; 18 d'entre elles étaient d'application directe, c'est-à-dire qu'elles ne nécessitaient aucun décret ou autre mesure d'application. Soit une proportion de 28 %, en hausse continue depuis quatre ans. Pour les 46 autres, 425 décrets et autres textes réglementaires ont été rédigés, et 224 restaient à élaborer à la date du 1ᵉʳ avril 2023.

Le taux global d'application des lois ainsi calculé par le Sénat atteint pour ces douze mois 65 %, un pourcentage en sensible augmentation par rapport à l'année précédente (57 %), mais en baisse par rapport à 2017-2018, où 78 % des lois pouvaient être appliquées dans l'année suivant leur adoption. Une loi sur trois, donc, n'a aucun résultat concret dans un délai raisonnable. Et la boutade qui prétend qu'une nouvelle loi sur un sujet précis peut être votée sans que la précédente ait pu entrer totalement en vigueur est parfois vérifiée.

Cette non-exécution des lois fait partie des indicateurs qui éloignent nos concitoyens de la chose publique, tout comme l'empilement des textes législatifs qui se neutralisent l'un l'autre. Depuis moins de vingt ans se sont ainsi empilées dix lois sur l'im-

Des administrations féodales

migration et le droit des étrangers, sans compter les décrets, ordonnances, arrêtés et circulaires. En 2003 : loi Sarkozy I sur l'immigration ; loi Villepin sur l'asile. En 2006 : loi contre les mariages blancs, loi Sarkozy II sur l'immigration et l'intégration. En 2007 : loi Hortefeux sur l'immigration, l'intégration et l'asile. En 2011 : loi Besson-Hortefeux-Guéant sur l'immigration. En 2012 : loi Valls sur le droit de séjour. En 2015 : loi Cazeneuve sur l'asile. En 2016 : loi Cazeneuve sur le droit des étrangers. En 2018 : loi Collomb pour « une immigration maîtrisée, un droit d'asile effectif et une intégration réussie ».

« L'empilement des réformes a contribué à complexifier l'asile, élargissant les catégories éligibles, multipliant les voies de recours possibles, faisant de ce droit bien particulier un maquis inextricable », déclare un préfet au *Figaro,* en juin 2023, après l'attaque de jeunes enfants dans un parc d'Annecy par un Syrien demandeur d'asile[1]. *Le Monde* a fait le compte, et estimé que depuis 1945, la France a voté une loi sur l'immigration tous les deux ans en moyenne[2]. Et voyez où nous en sommes : un des pays européens où l'immigration est la plus élevée !

---

1. Jean-Marc Leclerc, « Immigration : Dans le "maquis inextricable" du droit d'asile », *Le Figaro,* 9 juin 2023.
2. Maxime Vaudano, « Les 100 réformes qui ont durci la condition des immigrés en France », *Le Monde,* 6 novembre 2019.

5.

Toujours plus pour... toujours moins !

En dépit de ces désagréments bureaucratiques, la situation de la France n'est pas si mauvaise, nous dit-on. Sans accumuler les démonstrations chiffrées – ce qui n'est pas du tout mon point fort ! –, je voudrais quand même rappeler quelques vérités que nous avons tendance à oublier.

Au regard de notre richesse nationale, prélèvements obligatoires, déficit budgétaire et dette, pour commencer par eux, n'ont jamais été aussi élevés. Près de la moitié de ce que nous produisons revient à l'État, aux collectivités publiques et aux organismes sociaux. La moitié. Notre endettement ? Il représente beaucoup plus que ce que nous gagnons chaque année (115 % de notre PIB). Et nos dépenses publiques sont très supérieures à nos recettes alors que celles-ci sont parmi les plus élevées d'Europe, avec un déficit qui dépasse les 5 % du produit intérieur brut.

Bien sûr, cette situation résulte d'un « quoi qu'il en coûte » national mais aussi international lié aux crises sanitaires, stratégiques et financières (avec la hausse de l'inflation et des taux d'intérêt) que nous subissons depuis 2020. Bien sûr, la France s'est toujours voulue

Toujours plus pour... toujours moins !

interventionniste et dirigiste. Bien sûr, notre volonté de maintenir ou d'accroître notre influence dans le monde, grâce en particulier à nos réseaux militaires, diplomatiques et surtout à notre capacité nucléaire, induit des coûts que nombre de nos partenaires ne supportent pas. Tout cela est vrai.

Néanmoins, nous pouvions espérer que le fait d'avoir à Bercy, depuis 2018, un ministre de l'Économie et des Finances devenu le plus grand ministre de la dépense nationale, aurait permis de vivre mieux et de disposer des services les plus accomplis dans toutes nos priorités collectives que sont la sécurité, la justice légale et sociale, l'éducation de nos enfants, la santé et la protection de l'environnement.

Voilà ce que nous attendons de notre « État nounou ». Nous lui donnons toujours plus, mais à une condition toutefois : de recevoir davantage. Or, la montée des forces politiques extrémistes en témoigne, beaucoup de Français ont le sentiment d'être prélevés en pure perte ou presque. Et ce ne sont pas les violentes émeutes de l'été dernier qui vont améliorer leur confiance dans le système. D'ailleurs, comme le souligne à juste titre l'essayiste Mathieu Laine : « Même quand ils croient prendre de bonnes décisions pour nous, les hommes et les femmes de l'État nounou sont aussi myopes que nous car ils agissent depuis un centre éloigné du terrain[1]... » Il observe qu'il est

---

1. Mathieu Laine, *Infantilisation*, Presses de la Cité, 2021.

Toujours plus pour... toujours moins !

étonnant pour bien des Français qui s'abstiennent aux élections « que nous soyons si nombreux à confier tant de pouvoirs à d'autres personnes que nous-mêmes pour décider tant de choses à notre place ». Ainsi en est-il de la défiance à l'égard du droit et du fonctionnement de la justice qui conduit certains de nos concitoyens à être tentés par l'autodéfense face au sentiment croissant d'insécurité que ressentent beaucoup d'entre eux et à la faiblesse de la réponse judiciaire à la délinquance dans bien des cas. La puissance publique, ou ce qu'il en reste, ne peut pas demeurer inerte face à ces risques de dérives. Or, l'appareil judiciaire sur ce plan ne donne pas l'exemple ! En 2021, sur 4 millions d'affaires nouvelles reçues par les parquets, 2,8 millions ont ainsi été jugées non pénalisables ! 15 % des peines prononcées ces cinq dernières années demeurent en attente d'exécution. Et selon la Chancellerie elle-même, la moitié seulement des affaires dignes de poursuites sont effectivement poursuivies. Une telle proportion met en lumière l'insuffisante capacité d'audience des tribunaux, sans parler de la lenteur excessive de la justice et de la scandaleuse surpopulation carcérale. Depuis 2017, 15 000 nouvelles places de prison ont été promises. Où sont-elles ? Nous n'avons plus d'Albin Chalandon ou de Nicolas Sarkozy pour construire de nouveaux lieux de détention ! Comme le dit le philosophe Pierre-Henri Tavoillot, la crise démocratique que nous traversons est moins une crise de la représentation qu'une crise de l'efficacité. Un sondage Ifop

Toujours plus pour... toujours moins !

publié par *Le Journal du dimanche* en novembre 2022 ne disait pas autre chose. 61 % des Français considèrent que les services publics fonctionnent mal, et ce pourcentage monte à 77 % pour ce qui concerne la justice[1]. Presque 8 Français sur 10 !

Mais la France n'est pas seulement la patrie des droits de l'homme. Elle est aussi celle de Pasteur. Celle dont le monde entier vantait le système de santé. Sans même revenir sur les révélations de la crise de la Covid-19 (absence de vaccin français alors que Sanofi-Pasteur aurait dû se positionner comme un leader mondial ou européen, délais de livraison des masques et des tests), la désertification médicale ne concerne plus seulement les territoires ruraux, mais aussi certaines grandes métropoles à commencer par Paris. L'hôpital souffre de manière chronique du manque de personnel, qui entraîne mécaniquement des fermetures de lits, à un moment où les urgences sont engorgées par des patients qui ne trouvent pas de réponses auprès de la médecine de ville. L'épidémie de bronchiolite qui a sévi durant l'automne et l'hiver 2022-2023 a illustré jusqu'à la caricature cette spirale infernale. Les parents ne trouvent pas de relais auprès des médecins libéraux pour leurs enfants qui respirent difficilement. Ils se dirigent vers les urgences,

---

1. « Sondage. 6 Français sur 10 jugent les services publics défaillants », *Le Journal du dimanche*, 5 novembre 2022.

Toujours plus pour... toujours moins !

terriblement embouteillées. Pendant l'attente, l'état des petits patients ne peut que se détériorer. Or la plupart des hôpitaux ne disposent pas de réanimation pédiatrique. Comme le montre un reportage diffusé sur France Inter le 15 novembre 2022[1], dans un établissement de la région parisienne, des soignants se relaient pendant plusieurs heures pour trouver un lit en réanimation dans un hôpital de l'AP-HP (Assistance publique-Hôpitaux de Paris), la seule institution qui en est équipée. Pendant qu'ils sont pendus au téléphone avec les services de régulation... ils ne sont pas au chevet des autres malades ! Autant d'heures de perdues dans une situation de pénurie de personnel. Sur les 30 lits de pédiatrie que compte l'hôpital Delafontaine, à Saint-Denis, 22 sont alors occupés par des nourrissons atteints de bronchiolite. Ces 30 lits sont les survivants d'une vague de fermetures qui a réduit leur nombre de 25 % par rapport à 2020. « Non pas parce que ces lits n'existent pas, explique un médecin, mais on n'a pas le personnel pour pouvoir les ouvrir dans des conditions de sécurité. » Quatre jours plus tôt, le ministre de la Santé, François Braun, s'est insurgé dans les colonnes du *Parisien* contre la rumeur persistante selon laquelle les hôpitaux sont obligés de trier les enfants qui arrivent aux urgences : « Je

---

1. Victor Dhollande, « Épidémie de bronchiolite : "Oui, on trie les enfants à l'hôpital" », France Inter, 15 novembre 2022.

Toujours plus pour... toujours moins !

ne laisserai pas dire qu'on décide de qui on laisse vivre ou mourir. Soyons très clairs, on ne trie pas les enfants à l'hôpital et nos soignants sont admirables dans leur engagement[1]. »

Cette déclaration ne plaît pas au collectif Pédiatrie qui compte plusieurs milliers de soignants et se revendique lanceur d'alerte. Dans un communiqué publié le 13 novembre, celui-ci réfute les propos du ministre : « Nous, soignants en pédiatrie, vivons tous quotidiennement ces tris depuis plusieurs semaines voire plusieurs mois : à quel enfant donner la dernière place d'hospitalisation, lequel est prioritaire pour la dernière place de réanimation, quelle chirurgie sera annulée, quel soin sera reporté. Nous avons d'ailleurs multiplié les alertes sur ce choix contraint que nous devons faire tous les jours en privilégiant le soin urgent de l'enfant le plus gravement atteint aux dépens du moins urgent ou du plus chronique. »

Cet épisode illustre un malaise plus général, et une désorganisation préoccupante du service public hospitalier, qui absorbe pourtant plus de 100 milliards d'euros de budget chaque année. Ce n'est donc pas l'argent qui manque, mais le bon sens dans la manière de le répartir et de le dépenser. Dans un même établissement, un ou plusieurs services peuvent vivre à un rythme tranquille, avec un certain nombre

---

1. Olivier Beaumont, « Bronchiolite : "On ne trie pas les enfants à l'hôpital", assure François Braun », *Le Parisien*, 11 novembre 2022.

Toujours plus pour... toujours moins !

de lits vides, tandis que quelques étages plus bas, les urgences craquent de toutes parts.

Et puis, il y a l'école ! Elle devrait représenter l'investissement le plus précieux de notre nation, car elle instruit, éduque, prépare les citoyens de demain. Or, elle ne cesse de décliner depuis un quart de siècle. Là encore, n'en déplaise aux syndicats, ce n'est pas le « manque de moyens » qu'il faut incriminer. La France dépense, avec certes des disparités, un peu plus que la moyenne des pays de l'OCDE pour l'Éducation nationale : 5,2 % de son PIB à l'enseignement scolaire, contre 4,9 % en moyenne dans les pays de l'OCDE. Pourtant, les classements internationaux se suivent et se ressemblent. La dernière vague de l'enquête Pirls (Progress in International Reading Literacy Study), qui mesure tous les cinq ans, dans 57 pays, le niveau de lecture des élèves de CM1 ou équivalent, indique une « stabilisation » après une chute continue depuis plus d'une décennie. Et le ministère de l'Éducation nationale se félicite de ce résultat. Comme si cette constance dans la médiocrité représentait une victoire !

La France est à la traîne. Tel est le – désolant – constat qu'il faut bien affronter. Seuls Chypre et la Belgique font moins bien que nous ! Seul – mince – motif de satisfaction : l'écart de niveau avec les autres pays a tendance à se réduire. Encore ce résultat moins

Toujours plus pour... toujours moins !

mauvais que les précédents[1] résulte-t-il, selon toute vraisemblance, du maintien des écoles françaises ouvertes davantage que chez nos voisins pendant la pandémie de Covid-19. Il risque donc d'avoir un caractère largement conjoncturel. Rien ne pourra véritablement changer tant que le « mammouth » restera en place, avec une proportion anormale de fonctionnaires qui ne sont pas devant les élèves, et une gestion de la carrière des professeurs qui évoque celle des PTT chinois.

Cette centralisation paralysante est associée à une « smicardisation » des enseignants, qui ont perdu 28 % de pouvoir d'achat entre 1982 et 2018[2].

À cette paupérisation des professeurs s'ajoute une diminution sournoise mais réelle des heures consacrées à la transmission des savoirs fondamentaux, engagée depuis plusieurs décennies et jamais abandonnée, quelles que soient les majorités en place. La réforme du lycée, qui a fragilisé l'enseignement scientifique, a accompagné le mouvement vers Parcoursup, cette plateforme d'accès à l'enseignement supérieur qui

---

1. Le classement Timss (Trends in Mathematics and Science Study), qui mesure le score en sciences des écoliers de 10 ans, a révélé dans sa dernière parution, début 2021, que le score de la France se situait juste derrière celui de l'Albanie. Il confirmait les mauvais résultats enregistrés en 2015 dans la même enquête.
2. On peut lire à ce sujet l'excellente analyse de Jean-Pierre Robin dans *Le Figaro* du 25 avril 2023 : « Les classes moyennes défaites par la smicardisation du pays ».

Toujours plus pour... toujours moins !

tente de faire de la sélection sans l'avouer et devient, aux yeux des familles effarées, une machine à trier aux règles obscures. « Alors que dans le monde entier, le succès de l'enseignement est fondé sur des établissements autonomes disposant d'un projet et d'une capacité à choisir leurs enseignants et leurs élèves, ce sont les algorithmes qui décident de tout dans notre pays. Ceci permet d'imposer en toute opacité et avec une fausse objectivité la discrimination positive et de supprimer toute prise en compte du travail et des résultats des élèves. Face à l'effondrement du secteur public, le choix est assumé non de le redresser mais d'étendre aux établissements privés les recettes de sa faillite », écrit ainsi l'essayiste Nicolas Baverez dans *Le Figaro*[1].

En effet, pour fuir les vicissitudes de l'école publique, les familles sont toujours plus nombreuses à se tourner vers l'enseignement privé. Cet engouement déplaît à certains ministres de l'Éducation nationale, qui préfèrent accuser les établissements sous contrat avec l'État d'accueillir une proportion trop importante d'élèves issus de milieux favorisés, plutôt que de remettre en question la centralisation extrême du système public, où les professeurs les moins expérimentés sont affectés dans les postes les plus difficiles, sans le moindre scrupule de la part du ministère...

_____

1. Nicolas Baverez, « La grande déconstruction de l'éducation », *Le Figaro*, 24 avril 2023.

Toujours plus pour... toujours moins !

L'encombrement des transports publics ou la pénurie de logements abordables dans les grandes métropoles constituent d'autres raisons, pour une majorité de Français, d'exprimer leur mécontentement à l'égard d'un État qui ne sait pas se réformer. C'est pourtant en leur nom, au nom de la solidarité et de l'égalité, que le « toujours plus » s'est accru dans notre pays. Mais à quel prix ! Et pour quels résultats !

6.

La fable délirante (et bien réelle) du commerce extérieur

C'est sûrement le résultat le plus catastrophique sur le tableau de bord de l'économie française. Le déficit de notre balance commerciale a atteint 164 milliards d'euros, battant ainsi de très loin le précédent record établi en 2021 (85 milliards d'euros), qui battait lui-même celui de 2011 (75 milliards). Cette faiblesse endémique s'explique largement, sur la durée, par l'affaiblissement du secteur industriel dans notre pays. Mais, est-ce un hasard, loin de se dissiper, elle s'est plutôt aggravée. Dans le même temps, les services chargés de favoriser nos exportations ont-ils été victimes d'une cure d'austérité ? Ont-ils été désorganisés ? Rien de tout cela, au contraire. Hasard ? Malédiction ? Quoi qu'il en soit, d'étranges décisions se sont succédé pour réorganiser les services chargés de faire découvrir les produits français au monde.

En 2003, le Premier ministre Jean-Pierre Raffarin entend promouvoir une meilleure coopération entre les ministères et réduire le nombre de directions qui les composent. Le directeur du Trésor que je suis à l'époque n'entend parler qu'au dernier moment de la fusion entre le Trésor et la Dree, direction des

71

La fable délirante (et bien réelle) du commerce...

Relations économiques extérieures. Le ministre de l'Économie et des Finances, Francis Mer, m'explique qu'il faut agir en douceur pour ne pas froisser le directeur de la Dree, qui se considère comme une administration indépendante. Et ce d'autant plus qu'une agence gouvernementale dénommée Ubifrance, créée en 1997, est également chargée d'assister les entreprises françaises dans leur parcours export. Même une fois annoncée, cette fusion entre deux directions du même ministère – rappelons-le – prend beaucoup de temps. Il faut refaire les organigrammes et trouver une sortie honorable aux fonctionnaires qui se retrouvent en position de « surnuméraire », comme on disait dans les romans de Balzac, c'est-à-dire sans utilité évidente. Il a fallu, par exemple, recaser l'un des hauts responsables de la Dree au Trésor. Un poste de secrétaire général a spécialement été créé pour gérer les mutations sans heurts. Les conseillers commerciaux en poste à l'étranger, quand ils revenaient à Paris, se voyaient attribuer d'office un poste de sous-directeur, afin de préserver une partie du pouvoir d'achat dont ils disposaient hors de France grâce aux primes d'expatriation. Comme il n'y avait pas assez de sous-directions pour accueillir tout le monde, on a créé une inspection du Trésor. Son originalité ? Cette nouvelle structure n'avait aucune mission. Elle permettait simplement de recueillir les conseillers commerciaux surnuméraires.

La fable délirante (et bien réelle) du commerce...

Le développement d'Ubifrance, agence gouvernementale, a réduit à néant les éventuels effets positifs de cette fusion, par ailleurs coûteuse, entre deux directions de Bercy. Alors que l'objectif consistait à simplifier les structures et à éviter les doublons, chaque grande ambassade doit désormais gérer la cohabitation pas toujours très chaleureuse d'un conseiller économique et commercial et d'un représentant d'Ubifrance. L'ambassadeur à Londres que j'étais a vu beaucoup de concurrence et peu de coopération entre l'un et l'autre. Cette juxtaposition est coûteuse en personnel, et peu lisible pour les entreprises qui souhaitent être accompagnées dans leur recherche de nouveaux marchés. C'est une opération que l'on pourrait qualifier de « perdant-perdant ».

La situation, déjà complexe, se détériore un peu plus en 2014. Le ministre des Affaires étrangères, Laurent Fabius, revendique le portefeuille du Commerce extérieur afin « d'unifier l'action extérieure de l'État sous la même autorité ». Le discours est bien rodé : « Le but est l'efficacité et la cohérence au service notamment du redressement économique, priorité du gouvernement », ajoute-t-il, en soulignant que le déficit commercial s'élève à 60 milliards d'euros et qu'il convient de le réduire grâce à la montée en puissance de « la diplomatie économique ». Cette revendication, posée au moment de la formation du premier gouvernement Valls, provoque un petit psychodrame. Arnaud Montebourg, ministre du Redressement productif, se bat pendant plusieurs

La fable délirante (et bien réelle) du commerce...

jours avec la détermination qu'on lui connaît pour conserver le commerce extérieur sous sa tutelle. Il perd l'arbitrage. Le Quai d'Orsay crée donc de toutes pièces une « direction des Entreprises et de l'Économie internationale » (DEEI) composée initialement de 75 personnes, et qui en occupe désormais environ 400.

Héritage de cet épisode, il y a aujourd'hui au Quai d'Orsay une direction de la Diplomatie économique, dotée de trois sous-directions (Commerce extérieur et Coopération économique ; Secteurs stratégiques ; Sanctions, Normes économiques et Lutte contre la corruption) ainsi que d'une mission de l'Attractivité et du Rayonnement économique. Mais les conseillers économiques et commerciaux rattachés au Trésor n'ont pas pour autant disparu. Pas plus que les services d'Ubifrance, rebaptisé Business France, qui n'emploient désormais pas moins de 1 420 collaborateurs et se déploient dans 75 bureaux à travers le monde !

Résultat : les entreprises françaises, et singulièrement les grosses PME ou ETI (entreprises de taille intermédiaire) ne savent si elles doivent s'adresser au conseiller commercial et financier issu de Bercy, à Business France ou aux services économiques du Quai d'Orsay si elles rencontrent des difficultés pour répondre à des marchés publics, par exemple. Une situation que la Cour des comptes résume en termes mesurés et choisis, en soulignant dans sa synthèse du

74

La fable délirante (et bien réelle) du commerce...

rapport sur «les dispositifs de soutien à l'exportation» la «mise en œuvre par de nombreux acteurs publics et privés, en France comme à l'étranger : Business France, les chambres de commerce et d'industrie (CCI), les régions, Bpifrance, les ambassadeurs, les services de la direction générale du Trésor et les chambres de commerce et d'industrie françaises à l'international (CCIFI). Une offre d'accompagnement est proposée aux entreprises souhaitant exporter, le plus souvent payante, à l'exception du soutien, plus ponctuel, proposé par les services de l'État (douanes, ambassades, services économiques régionaux, etc.)[1]».

Morale de l'histoire : les gouvernements successifs, en moins de trente ans, ont triplé les effectifs chargés de représenter les intérêts économiques et financiers de la France à l'étranger, tandis que le déficit commercial ne cesse de se creuser. Une superposition d'autant plus étonnante qu'existe, par ailleurs, un réseau extrêmement dense et compétent de conseillers du commerce extérieur, 4 000 personnalités bénévoles du monde de l'entreprise chargées de promouvoir les produits français à l'étranger, qui agissent sous la supervision du ministère de l'Économie et des Finances. Que se passerait-il si on leur

---

1. *Les dispositifs de soutien à l'exportation : une efficacité à renforcer, un modèle à repenser*, Cour des comptes, octobre 2022.

La fable délirante (et bien réelle) du commerce...

laissait, sous une tutelle légère et avisée, le soin à eux seuls de favoriser nos exportations ? Le résultat serait-il plus misérable qu'aujourd'hui ? Rien ne permet de l'assurer.

7.

Ubu roi de l'énergie électrique

Les commentaires, les pamphlets et les éditoriaux sur l'aspect ubuesque de l'administration française avaient tendance à m'agacer quand j'étais aux affaires. Je trouvais ces propos à la fois populistes et calomnieux. J'ai toujours travaillé, en conscience, pour l'intérêt général et j'estimais injuste d'être ainsi, avec quelques autres collègues dévoués à la cause publique, collectivement calomniés. Puis j'ai commencé à me poser des questions. Les dérives des dispositifs d'aide pour le commerce extérieur me paraissaient tellement caricaturales, tellement absurdes que j'y voyais une sorte d'accident bureaucratique. En revanche, la politique énergétique de la France au bout d'un moment m'a inquiété. Le système ne tournait pas rond manifestement. C'est un sujet que j'ai suivi de près quand j'étais directeur de cabinet du ministre de l'Industrie Roger Fauroux, entre 1988 et 1991. J'avais une profonde admiration pour cet ancien PDG de Saint-Gobain, qui avait choisi l'industrie après son début de carrière à l'inspection des Finances.

Jusqu'à la fin des années 1990, la construction de nouvelles centrales nucléaires est demeurée une prio-

Ubu roi de l'énergie électrique

rité après la fermeture de Creys-Malville et les énormes investissements réalisés. Tout a commencé avec un homme assez oublié aujourd'hui, Pierre Messmer, chef du gouvernement lors du premier choc pétrolier ; fin 1973, il décide d'intensifier le programme nucléaire pour renforcer l'indépendance énergétique de la France. Fin 1977, la centrale de Fessenheim est inaugurée.

C'était à l'époque une motivation liée à la souveraineté nationale en matière énergétique et au faible coût de l'électricité ainsi produite, qui fournissait un avantage compétitif au secteur industriel et un gain potentiel de pouvoir d'achat pour le consommateur. L'objectif, atteint, consistait à produire plus des trois quarts de notre énergie électrique grâce au nucléaire. Le programme remporte un large assentiment des Français, malgré les craintes, avec 76 % d'opinions favorables en 1974. Les catastrophes de Tchernobyl, en 1986, puis de Fukushima, en 2011, instrumentalisées à l'excès par les écologistes, contribueront à réduire ce pourcentage d'approbation.

Une préoccupation importante concernait alors la bonne exploitation et l'entretien des réacteurs par EDF avec, à l'époque, l'aide active du Commissariat à l'énergie atomique (CEA). La filière nucléaire était prestigieuse et attirait les ingénieurs venus des meilleures écoles. Mais pendant plus de dix ans, on l'a beaucoup dénigrée, en général à tort, avant le grand revirement effectué par Emmanuel Macron en 2022.

Ubu roi de l'énergie électrique

Il aura fallu une guerre sur le continent européen pour le faire advenir ! La fusion entre Framatome, Areva et la partie opérationnelle du CEA avait conduit en 2002 à désengager EDF de la modernisation et de la construction de nouveaux réacteurs, du fait de la création d'Areva chargé de développer des réacteurs d'une nouvelle génération et d'une nouvelle structure pour exporter notre savoir-faire nucléaire.

Les principaux responsables administratifs, notamment le Trésor et la direction de l'Énergie, avaient alerté les différents ministres sur les risques de cette opération qui mettait fin à la coopération étroite entre EDF et Framatome, au profit d'une concurrence assumée entre EDF et Areva, avec le risque d'engendrer une perte d'expertise concernant l'entretien et le renouvellement d'installations hautement stratégiques. Par la suite, Areva n'a pas réussi à développer dans les délais appropriés les super-réacteurs tels que Flamanville, et il a fallu attendre 2022 pour que son « jumeau », édifié en Finlande, voie le jour, avec le secours de l'industrie de pointe de ce pays.

Ainsi, depuis le début du XXIe siècle, les pouvoirs publics se sont davantage attachés au transfert de notre savoir-faire technologique nucléaire civil (en Chine, au Royaume-Uni…) qu'au renforcement de notre propre parc. Symboliquement, il n'y a pas eu jusqu'en 2022 un ministre de plein exercice chargé de l'énergie, et la direction de l'Énergie, « tutrice » d'EDF, jadis l'une des plus puissantes de la galaxie administrative,

Ubu roi de l'énergie électrique

s'est retrouvée rattachée à l'Environnement plutôt qu'à Bercy, ce qui lui a fait perdre énormément en prestige et en visibilité. Elle a aussi perdu de vue, par la même occasion, sa raison d'être, ce qui est encore plus ennuyeux. Présidents, chefs du gouvernement, ministres semblent plus préoccupés par la sécurité nucléaire, sujet certes fondamental, qu'à la relance de la filière, jamais abordée au plus haut niveau jusqu'à récemment. La recherche de sûreté l'emporte aujourd'hui sur toute autre considération. Son indépendance paraît parfois un peu orageuse : la moindre tache sur les conduites d'un réacteur entraîne son arrêt immédiat. C'est ainsi qu'en 2022, un peu plus d'un réacteur sur deux seulement était en fonctionnement, les autres arrêtés pour cause de « corrosion sous contrainte ». Pour ne rien arranger, il n'y a pas un mais deux organismes de surveillance, qui refusent obstinément de fusionner pour utiliser leurs moyens. L'ASN joue le rôle d'organisme tutélaire opérationnel tandis que l'IRSN (Institut de radioprotection et de sûreté nucléaire) est plus orienté vers le long terme, la recherche et la santé. Nous sommes l'unique pays au monde à avoir ainsi deux autorités administratives indépendantes globalement chargées de la même mission, ce qui, à l'évidence, complique une situation déjà délicate sans renforcer – au contraire – la sûreté globale de notre système.

Ubu roi de l'énergie électrique

Cette obsession sécuritaire, encore une fois légitime mais poussée à l'excès, a entraîné une forme de diabolisation de l'énergie nucléaire. La fermeture de la centrale de Fessenheim, décidée sous le mandat de François et rendue effective durant celui d'Emmanuel Macron, est l'illustration concrète de cet état d'esprit. Cette installation, la plus ancienne du parc nucléaire, ne posait aucun problème de fiabilité, ainsi que l'a certifié la très sourcilleuse ASN. Ces réacteurs figurent même parmi ceux qui connaissaient le moins de défaillances. Mais Fessenheim était le symbole du combat écologiste contre le méchant atome. C'était aussi un sujet de discorde avec l'Allemagne, du fait de sa proximité avec la frontière. Pour des raisons de politique à la fois intérieure et extérieure, on a donc décidé, au plus haut niveau, sous deux quinquennats différents, de détruire en toute bonne conscience un outil industriel en parfait état de marche. Certains responsables syndicaux, à EDF, ont même parlé de « sabotage ».

La prise de conscience de l'urgence qu'il y avait à décarboner l'économie pour ralentir le réchauffement climatique aurait dû plaider pour réhabiliter l'énergie nucléaire qui, à défaut d'être propre puisqu'elle génère des déchets, a l'immense mérite de ne pas rejeter de gaz à effet de serre. Mais non ! Puisque l'Allemagne prétendait se passer du nucléaire du jour au lendemain, nous le pouvions aussi. Personne n'ignore plus aujourd'hui qu'elle émet huit fois

Ubu roi de l'énergie électrique

plus de dioxyde de carbone que la France, qu'elle a dû rouvrir des centrales à charbon, inégalables en termes de pollution, et qu'elle a mesuré les ravages de sa dépendance énergétique au gaz russe quand est survenue l'agression de l'Ukraine.

Dans mes fonctions, j'ai toujours recommandé de maintenir ouverte cette centrale de Fessenheim, en faisant remarquer qu'aucun dysfonctionnement n'avait été signalé par les ingénieurs compétents. À tort, le président et surtout la ministre de l'Écologie soulignaient son vieillissement et sa perte d'efficacité sans que dans mon souvenir l'Autorité de sûreté nucléaire n'ait jamais rien signalé de tel, encore moins préconisé sa fermeture. L'ASN n'est intervenue qu'après 2017, essentiellement parce qu'on ne savait pas comment reconvertir le site et les emplois.

Reconnaissons toutefois que si l'État n'a pas su renouveler notre souveraineté nucléaire, c'est aussi parce que la majorité de nos concitoyens étaient défavorables à cette source d'énergie et pensaient que d'autres, plus « propres », pouvaient la remplacer. Ainsi, tout raisonnement cohérent ne semblait plus d'aucun poids face à la religion de la – fausse – pureté érigée par les Verts. Les énergies renouvelables sont devenues, dans le discours des écologistes mais aussi des instances officielles de l'Union européenne, l'alpha et l'oméga de la transition énergétique. Personne ne voulait admettre qu'il était absurde d'envisager de remplacer de l'électricité décarbonée produite à des

82

Ubu roi de l'énergie électrique

prix très compétitifs par de l'électricité décarbonée extrêmement coûteuse, et de surcroît peu fiable. Les éoliennes fonctionnent très peu au moment des pics de grand froid, car il n'y a pas de vent. Les panneaux photovoltaïques produisent moins d'électricité en hiver qu'en été...

Toutefois, les textes de programmation pluriannuelle de l'énergie (PPE) prévoient toujours, dans leurs versions successives, la réduction à 50 % de la part du nucléaire dans le mix électrique total. Il a fallu l'adoption, au printemps 2023, d'une loi d'accélération du nucléaire pour mettre fin à cette absurdité.

Le virage, bienvenu, d'Emmanuel Macron en faveur du nucléaire n'effacera pas la perte de savoir-faire et d'attractivité de cette filière, qui doit désormais rattraper le temps perdu. Le président de RTE, le réseau de transport d'électricité, révélait en juin 2023 que la France était menacée par un « mur électrique » à horizon 2030 : les énergies renouvelables ne peuvent suffire à satisfaire une consommation en très forte croissance ; or, les nouvelles centrales nucléaires risquent de n'être opérationnelles qu'en 2035. Que va-t-il se passer entre-temps ? Mystère !

8.

La planification écologique, combien de divisions ?

La planification écologique est une mission nouvelle de l'État. Elle est une façon de planifier la décrue de la production d'énergie nucléaire sans le dire (comme souvent chez nous). D'où vient cette idée ? L'expression elle-même est apparue pendant la campagne présidentielle de 2022. Considérée comme la priorité numéro un, est-elle confiée à un seul organisme bien doté ? A-t-on au moins appris des expériences précédentes ?

Pas du tout. L'action gouvernementale dans ce domaine aussi est éparpillée entre plusieurs ministères ou agences. Il y a le Conseil national de la refondation (CNR) créé en septembre 2022 qui, dans sa déclinaison « climat et diversité » chapeautée par la Première ministre, entend lancer pas moins de vingt-deux chantiers aux contours flous, tels que l'instauration d'un « numérique responsable » ou encore la rénovation des logements ou la décarbonation des industries… L'une des premières décisions prises résume bien l'état d'esprit français : la création d'un nouveau secrétariat général, chargé de la planification écologique, placé auprès de la cheffe du gouvernement

La planification écologique, combien de divisions ?

pour « coordonner la mobilisation de toutes les parties prenantes ». Celles-ci, en effet, sont nombreuses ! Trop nombreuses pour garantir une grande efficacité dans l'action. Au moins six ministères sont concernés : Transition écologique, Transition énergétique, Logement, Transports, Agriculture, Mer... Avec tous les charmes que recouvre la décision interministérielle. Est-ce tout ? Certainement pas. Car il y a aussi le Haut Conseil pour le climat, créé par Emmanuel Macron en 2018, et installé auprès de Matignon au printemps 2019. Chargé d'apporter un éclairage indépendant sur l'évolution climatique, il accueille en son sein douze experts. Son fonctionnement, comme le révélait *Le Monde* en janvier 2023[1], s'est trouvé perturbé par un conflit entre le secrétariat général et la direction, tandis que certains experts mettent en cause son indépendance et regrettent ce qu'ils considèrent comme une certaine complaisance vis-à-vis de l'exécutif. Bref, c'est le chaos !

Et puis l'Ademe, « Agence de la transition écologique », crie victoire en fin d'année 2022 : « Ce 1er décembre, le conseil d'administration de l'Ademe a adopté le budget 2023 qui est porté à plus de 4,2 milliards d'euros, un budget doublé pour accélérer la transition écologique », triomphe un commu-

---

1. Audrey Garric, « Le Haut Conseil pour le climat se réorganise après une année de crise, sans mettre fin au malaise », *Le Monde*, 17 janvier 2023.

La planification écologique, combien de divisions ?

niqué officiel de cet établissement public. Comme s'il s'agissait d'une fin en soi ! « Ce budget, poursuit le communiqué, inclut les fonds alloués dans le cadre du plan France 2030, dont l'Ademe est l'un des opérateurs. Les effectifs pérennes de l'Agence sont augmentés de 10 % pour accompagner la croissance d'activité. » Et voilà, une augmentation de 10 % de la masse salariale apparaît déjà comme une victoire contre le réchauffement climatique ! L'Ademe, créée en 1991 et initialement baptisée « Agence de l'environnement et de la maîtrise de l'énergie », savoure une nouvelle jeunesse. Elle n'est pas la seule institution paraétatique à graviter autour du ministère de la Transition écologique. Outre l'Ademe, on dénombre plus de vingt organismes, parmi lesquels : l'Agence de financement des infrastructures de transport de France, l'Agence nationale de l'habitat, l'Agence nationale des déchets radioactifs, les agences de l'eau, le Centre d'études et d'expertise sur les risques, l'environnement, la mobilité et l'aménagement, le Centre scientifique et technique du bâtiment, le Conservatoire du littoral, l'Établissement national des invalides de la marine, l'Établissement public de sécurité ferroviaire, l'Institut de radioprotection et de sûreté nucléaire, l'Institut national de l'environnement industriel et des risques, l'Institut national de l'information géographique et forestière, l'Office français de la biodiversité, le Service technique de l'aviation civile, Voies navigables de France…

La planification écologique, combien de divisions ?

La lutte contre le réchauffement climatique s'avère la priorité du siècle, mais elle demeure trop morcelée et sans véritable organisation, que ce soit au niveau européen ou national. Nous fixons des objectifs de réduction de CO_2 en 2030 et en 2050 sans avoir trop souvent la moindre idée sur la façon de les atteindre, en témoignent les controverses toujours en cours sur les voitures thermiques. Les principaux pays européens se concurrencent pour instaurer des usines de batteries électriques plutôt que de se regrouper pour renforcer notre souveraineté face aux États-Unis et à la Chine.

Plus grave encore, les acteurs du marché avancent souvent en ordre dispersé alors que les opposants volontiers violents à toute forme d'investissements ou d'infrastructures apparaissent très unis et beaucoup mieux organisés.

Que ce soit contre le TGV Lyon-Turin (priorité européenne depuis plus de trente ans) ou pour la protection des nappes phréatiques, les militants verts, allergiques aux arguments des gouvernements successifs, n'hésitent pas à gêner, voire à harceler les méchants – les pollueurs – sans négliger le registre des pressions ou même des menaces. Les zadistes ou les membres de groupuscules comme Les Soulèvements de la Terre apparaissent comme de nouveaux révolutionnaires décidés à renverser une société d'Ancien Régime, accusée de vouloir détruire la planète, rien de moins...

9.

De profundis :
tour d'horizon des réformes
de l'État enterrées

« Mais arrêtez donc d'emmerder les Français ! Il y a trop de lois, trop de textes, trop de règlements dans ce pays ! On en crève ! Laissez-les vivre un peu et vous verrez que tout ira mieux ! Foutez-leur la paix ! Il faut libérer ce pays !» Georges Pompidou prononce cette phrase restée célèbre en l'an de grâce 1966. Il est alors Premier ministre du général de Gaulle et s'adresse en ces termes à un jeune énarque ambitieux, empesé et pressé qui lui apporte une énorme pile de parapheurs. Ce conseiller trentenaire, encore inconnu des Français, s'appelle Jacques Chirac.

Deux ans plus tôt, déjà, le futur président s'affligeait de la lourdeur bureaucratique en ces termes : « À l'heure actuelle, investir en France est un travail. C'est d'abord un travail administratif, car il faut passer toutes les filières et tous les bureaux, remonter toute la hiérarchie pour obtenir toutes les permissions, toutes les bénédictions. Je reconnais que c'est une calamité et si je puis faire quelque chose pour simplifier tout cela, croyez bien que je le ferai», assure-t-il lors d'un dîner avec de «jeunes patrons». Voilà un Premier ministre, futur président de la République,

De profundis : *tour d'horizon des réformes*

qui avoue de façon implicite son impuissance à réformer l'État !

Cinquante-quatre ans plus tard, en février 2018, le président Macron reprend la formule en marge d'une rencontre avec des agriculteurs, à propos d'un éventuel durcissement de la loi Évin, qu'il récuse. Entre-temps, tous les chefs d'État et de gouvernement ont promis de mettre fin à cette inflation législative et normative qui semble impossible à juguler et qui connaît même une accélération stupéfiante. Le Code général des collectivités territoriales ? Il a triplé de volume entre 2002 et 2022. Selon la délégation sénatoriale aux collectivités, le million de mots aurait été dépassé en janvier 2023. Le Code de l'urbanisme ? Il a quant à lui gonflé de 44 % en seulement dix ans. Sur ce chapitre, la France tiendrait la vedette dans *Le Livre Guinness des records* !

Raymond Barre, fraîchement nommé Premier ministre de Valéry Giscard d'Estaing, fait de la lutte contre l'engorgement bureaucratique l'un de ses objectifs lors de son discours de politique générale devant l'Assemblée nationale, le 5 octobre 1976 : « La réforme de l'administration, la simplification des procédures, la lutte contre l'anonymat, voire l'irresponsabilité, seront un souci permanent pour le gouvernement », déclare-t-il. Las ! Deux ans passent, et c'est VGE en personne qui se désole de la « marée blanche de la paperasse » qui « doit être refoulée ». Il donne même une injonction à l'exécutif : « Dans

De profundis : *tour d'horizon des réformes*

leur gestion, dit-il, les ministres doivent être guidés par la hantise de la simplicité. »

Paroles, paroles... On croirait que Dalida a été ministre ! Depuis son élection, Valéry Giscard d'Estaing n'a pas jugé utile justement de nommer un ministre spécialement chargé de la réforme administrative. Il est vrai que cet intitulé est assez galvaudé. Entre 1947 et 1974, de nombreux responsables politiques se sont succédé à ce poste, dont Raymond Marcellin et Guy Mollet sous la IVe République, Roger Frey, Louis Joxe et Alain Peyrefitte sous la Ve. Ce dernier, dans son best-seller mémorable *Le Mal français*, évoque de façon assez désabusée cette mission de Sisyphe : « À défaut de casser le cadre, la réforme administrative n'aboutira jamais qu'à réduire à douze pages les formulaires qui en comptent quinze, et à remplacer mes huissiers à chaîne par des hôtesses en tailleur pastel. C'est déjà mieux. Ce n'est pas assez. La routine reprendra vite le dessus. Car, une fois de plus, on aura soigné les symptômes, non les causes. »

Giscard est aussi victime de sa créativité en matière de nominations. À son arrivée, un ministre des Réformes a été nommé. Un homme célèbre venu de la société civile, un patron de journal, un progressiste : Jean-Jacques Servan-Schreiber. L'illustre JJSS reste en poste douze petits jours. Cet iconoclaste n'a pas la sympathie du Premier ministre Jacques Chirac et ne fait rien pour corriger le tir, comme le raconte

De profundis : *tour d'horizon des réformes*

Catherine Nay dans son livre de mémoires *Souvenirs, souvenirs*[1] : « Après l'avoir lu, VGE félicitait son Premier ministre d'"avoir travaillé vite et bien". Et voilà JJSS qui se met à le lire à son tour, pour trancher : "Ce papier est nul ! Il faut tout refaire. Il ne reflète absolument pas l'élan réformiste du président." »

Le chef de l'État donne raison à Chirac, traité par JJSS comme « un stagiaire de *L'Express* ». Le turbulent membre du gouvernement signe son arrêt de mort ministérielle une semaine plus tard. Il organise une conférence de presse pour déplorer la programmation d'un essai nucléaire en Polynésie française. Chirac fulmine, réclame sa tête et l'obtient. Le même homme, devenu président de la République des années plus tard, décidera de supprimer les essais atomiques dans le Pacifique. JJSS a donc eu raison trop tôt. Mais quand il prend la porte du gouvernement, il n'est nullement remplacé.

Ce n'est qu'en 1979 qu'un nouveau portefeuille est créé au sein du gouvernement. Jean-François Deniau devient, et il ne sera pas le dernier, ministre délégué chargé des Réformes administratives. Il lui reste, avant la fin du septennat, deux ans pour agir. C'est peu. D'ailleurs, il ne se passe rien…

La gauche, arrivée au pouvoir en 1981, reprend ce mot d'ordre consensuel : qui s'opposerait à l'objectif de moins « emmerder les Français » ? Elle commence

---

1. Catherine Nay, *Souvenirs, souvenirs…*, Robert Laffont, 2019.

De profundis : *tour d'horizon des réformes*

par mettre en œuvre la décentralisation, espérant ainsi instaurer une proximité entre les administrés et les pouvoirs publics. De ce point de vue, l'expérience n'est guère concluante. Au point que François Mitterrand, en janvier 1982, répète en substance ce qu'ont dit ses prédécesseurs Georges Pompidou et Valéry Giscard d'Estaing. Il est d'ailleurs on ne peut plus lucide sur cet effet de balbutiement : « Il est nécessaire de rechercher une meilleure simplification des formalités administratives, refrain entonné cent fois au cours de ces dernières années. Mais je dois le dire, pour avoir été moi-même longtemps maire, conseiller général, président d'un conseil général, j'ai constaté le grignotage de la paperasserie, source de tracas le plus souvent inutile et j'attache beaucoup de prix à éliminer ce qui n'est pas indispensable », assure-t-il devant un parterre d'entrepreneurs de travaux publics.

Jacques Chirac reprend la même antienne à l'occasion des vœux des corps constitués, le 7 janvier 1997 : « Pour que les règles de droit soient compréhensibles et respectées, nous devons nous astreindre à un effort de codification et de simplification des textes applicables. Le Conseil d'État a souvent appelé l'attention des gouvernements sur la complexité et l'opacité de nos textes législatifs et réglementaires, qui transforment l'univers ordonné et rationnel du droit en un véritable labyrinthe, dans lequel l'admi-

De profundis : *tour d'horizon des réformes*

nistré comme le justiciable ne peut que se perdre.» C'est pour mettre un terme à ce chaos que l'ancien président engage alors une nouvelle réforme de l'État qui prendra la forme d'une vaste entreprise de codification, qui permettra aussi de toiletter les textes les plus anciens, d'en éliminer les dispositions obsolètes, bref, de clarifier les règles applicables.

Durant les cinq années pendant lesquelles Lionel Jospin est Premier ministre, le sujet disparaît des radars. Je le regrette d'autant plus que je suis à l'époque le directeur adjoint de son cabinet à Matignon. J'exagère : j'ai conduit avec quelques autres tout de même une réforme capitale dont nous vivons toujours les effets : la création d'une monnaie commune, l'euro. Ce n'est pas rien et, pour le coup, cela a représenté une vraie simplification pour les particuliers comme pour les entreprises. Le goût de s'attaquer à nouveau à la lourdeur du « mammouth », comme disait le physicien Claude Allègre, est revenu avec le successeur de Chirac, Nicolas Sarkozy à partir de 2007, essentiellement sous l'angle budgétaire, avec la mise en œuvre de ce qu'on a appelé la RGPP (révision générale des politiques publiques) et la règle du non-remplacement d'un fonctionnaire sur deux.

En 2012, cette ligne directrice est abandonnée, et la thématique ignorée pendant les deux premières années du quinquennat. Elle réapparaît en 2013 avec le « choc de simplification » lancé par mon ami Fran-

De profundis : *tour d'horizon des réformes*

çois Hollande dont le début du règne a fait l'objet d'une déferlante de critiques acérées. Le 23 mars 2017, à Paris, le président dresse le bilan en demi-teinte de cette initiative : « La simplification, c'est compliqué », dit-il en forme de boutade. « Simplifier ce n'est pas seulement clarifier ou donner de l'efficacité, c'est avant tout remettre la France en mouvement, la préparer pour l'avenir, poursuit-il. C'est surtout redonner confiance, confiance aux entreprises, confiance aux investisseurs, confiance aux citoyens. » Ah ! La confiance, cette valeur sur laquelle la France connaît, depuis longtemps, un lourd déficit !

Depuis le secrétariat général de l'Élysée, je constatais que le choc s'émoussait sous le poids des urgences politiques et la pression qui accompagne toujours la fin d'un quinquennat. Je reçois à ce moment-là le secrétaire d'État responsable du dossier, ainsi que les deux personnalités chargées d'un rapport sur la question, Guillaume Poitrinal et Françoise Holder. Ils avaient fait un excellent travail, mais il était impossible d'imposer ce thème. Je me suis rendu à l'évidence : la simplification est davantage un slogan qu'une priorité politique, elle est d'ailleurs toujours confiée à des membres du gouvernement de second rang. Tant qu'un premier couteau ne sera pas chargé de s'en emparer, il y a très peu de chances que cela change.

Emmanuel Macron fait à son tour de ce serpent de mer qu'est devenue la réforme de l'État l'un des deux

De profundis : *tour d'horizon des réformes*

piliers de son programme présidentiel de 2017. Mais là encore, l'entreprise est abandonnée en cours de route, après un rapport enterré, un de plus. Le Premier ministre Édouard Philippe de son côté imagine une nouvelle règle, une de plus : tout nouveau décret doit être accompagné de la suppression d'un ancien décret, pour éviter l'inflation législative et normative. Cette bonne intention a fait long feu...

La principale avancée, sous le premier quinquennat d'Emmanuel Macron, fut la nomination de Thierry Lambert, chargé de la modernisation de l'État. Ce haut fonctionnaire est suffisamment considéré pour rencontrer le secrétaire général de l'Élysée plus d'une fois par mois, tandis que les ministres techniques sont convoqués à cette réunion pour vérifier que leur feuille de route est respectée et évaluer leur performance, en termes d'efficacité et d'économie.

De même, il existe des administrations qui font des efforts, notamment sur le digital. Ainsi, la DGFiP et le ministère du Budget ont réussi à simplifier leurs contacts avec les administrés, bénéficiant d'une infrastructure informatique plus moderne. Les différents directeurs ont réussi à imposer le prélèvement à la source. Mais il a fallu plus de vingt ans pour y parvenir. Il existait une pression très forte pour le statu quo, au-delà des réunions au sommet à l'Élysée. Avec cette peur, partagée par les hauts fonctionnaires et la quasi-totalité du personnel politique : si cela rate, nous resterons dans l'Histoire comme ceux qui ont

De profundis : *tour d'horizon des réformes*

mis le système par terre. Il est vrai que les médias et le « petit Paris » – ce microcosme qui décide de beaucoup de choses – n'aidaient pas, prédisant la catastrophe annoncée de toutes parts. Or, la retenue à la source, pour l'impôt sur le revenu, est incontestablement une grande réforme de simplification. La plus importante qui a été faite sans doute depuis l'euro. Elle a, de surcroît, permis d'améliorer considérablement le taux de recouvrement, qui atteint presque 100 %.

Je me souviens du moment, en 2016, où l'administration de Bercy a fait des tests grandeur nature, qui se sont tous révélés concluants. Restait la question de la généralisation. Le seul obstacle qui subsistait était donc d'ordre politique. Mais quel obstacle ! Il faut saluer la détermination de Gérald Darmanin, alors ministre des Comptes publics, qui a imposé de le franchir envers et contre tous.

Il est un autre domaine où les ambitions s'élevaient là aussi jusqu'au ciel. Sous le mandat de François Hollande, la réforme des régions semblait prometteuse : elle avait, sur le papier, une vocation simplificatrice. Elle n'a pourtant pas abouti à supprimer la coexistence des différentes strates administratives ou politiques. Si je prends l'exemple de la Normandie, région que je connais bien, les structures et les coûts ne se sont nullement allégés à la suite du regroupement : une administration siège à Caen, l'autre

De profundis : *tour d'horizon des réformes*

à Rouen ! Quant aux structures intermédiaires, les organes déconcentrés de différents ministères, elles sont restées à la même place qu'auparavant. Il y a encore des directions de l'agriculture ou de l'équipement dans chaque département. Il n'y a finalement que pour les lourds investissements que les procédures ont été mutualisées et simplifiées. Ainsi, tous les présidents parlent territoires et décentralisation. Mais les actes ne suivent jamais.

Plus profondément dans notre système institutionnel, les réformes de la justice ou de l'appareil judiciaire ou pénitentiaire se sont toujours révélées très limitées, peut-être parce que la justice se définit comme un pouvoir indépendant. La seule réforme profonde fut conduite sous Georges Pompidou par Albin Chalandon. Le plus souvent, le ministre de la Justice éprouve beaucoup de difficultés à conduire des réformes qui heurtent les magistrats. Ces derniers préfèrent présenter une procédure pénale qui s'avère, pour les justiciables, longue, lourde et complexe. Le parquet renforce ses pouvoirs après chaque scandale. Comme, sous François Hollande, la mise en place du parquet national financier après l'affaire Cahuzac. À l'inverse, Christiane Taubira a voulu rendre la justice plus éducative pour les mineurs en supprimant les tribunaux correctionnels pour les plus jeunes et cela malgré l'opposition du directeur des affaires civiles et du sceau Robert Gelli, qui comprit très vite que

De profundis : *tour d'horizon des réformes*

l'on entrait dans un cheminement très peu praticable pour statuer sur les dossiers impliquant les mineurs. À l'arrivée, si j'ose dire, le bilan est plus que modeste.

10.

L'euro :
enfin une (grande) réforme réussie !

L'une des nuits les plus extraordinaires que j'ai connues s'est déroulée en décembre 1998, à Paris. Son objet : réussir la plus grande réforme financière que la France ait eu à gérer depuis un demi-siècle. De quoi s'agissait-il ? De la création de l'euro bien sûr. C'est le moment où le Conseil européen, où nos dirigeants – Jospin était à Matignon et Chirac à l'Élysée – devaient s'accorder sur la date de mise en œuvre de l'euro et la désignation du président de la Banque centrale européenne.

Je me trouvais en tant que représentant du Premier ministre, auprès du président Chirac et du ministre de l'Économie, Dominique Strauss-Kahn, à l'époque. Nous y passâmes la nuit, ce qui me permit de mieux connaître Jacques Chirac, son empathie et son engagement ainsi que de constater la convergence de vue politique existant entre Claude Chirac et DSK. L'ordre du jour était chargé car il fallait inventer rien de moins que les contours d'une nouvelle monnaie : modalités politiques de change, valeur, dates de change entre monnaies nationales et euro, rôle de la Banque centrale européenne et des banques nationales, et bien sûr sélection des pays membres.

L'euro : enfin une (grande) réforme...

En cette période de cohabitation, curieusement, la position française reflète une réelle unité politique tant sur la date de mise en œuvre du 1ᵉʳ janvier 2002 (avant l'élection présidentielle française, ce qui convenait aux deux candidats potentiels), que sur la désignation du président de la BCE où chacun soutenait déjà Jean-Claude Trichet, banquier reconnu et par ailleurs camarade de corps, en l'occurrence celui de l'inspection des Finances. La France ne souhaitait pas en effet que la rigueur nordique – ou germanique – l'emportât. Après des heures de négociation et de suspension de séance où nous nous retrouvions en petit comité, il nous fallut abandonner nos prétentions – faire nommer un Français ! – et consentir à la nomination du Néerlandais Wim Duisenberg. Par la suite, ma principale responsabilité en tant que directeur du Trésor fut de veiller à la mise en œuvre pratique de l'euro en tant que monnaie fiduciaire nationale dans une France où la majorité de l'opinion, notamment parmi les plus âgés, ne souhaitait pas l'abandon du franc. Les leaders politiques, quelle que soit leur sensibilité, craignaient le moindre incident, la plus petite polémique et ne cachaient pas leur inquiétude concernant tant le risque de non-respect des délais que l'évolution de la quantité suffisante de billets et de pièces à émettre. Une question très délicate à trancher.

Lorsqu'il succéda à DSK, emporté – déjà – par un scandale (celui de la MNEF), comme ministre des

L'euro : enfin une (grande) réforme...

Finances, Laurent Fabius fut tout à fait exemplaire, organisant chaque semaine des réunions de coordination entre le Trésor et la Banque de France. Celle-ci toujours soucieuse à juste titre de son indépendance souhaitait gérer seule la mise en place des pièces et des billets et les délais de conversion (et de coexistence du franc) avec l'euro.

Néanmoins, toute cette affaire était si politique que le ministre et son directeur du Trésor, jouant leur tête, ne pouvaient accepter de ne pas être impliqués dans cette opération d'une ampleur inédite et notamment pour tout ce qui touchait au dossier des liquidités, du cash pour parler comme les jeunes. S'agissant des pièces, les compétences industrielles, européennes et nationales se complétaient. En revanche, sur l'émission des billets qui devaient être distribués aux guichets des banques au 1er janvier 2002, la compétence des imprimeries de la Banque de France à Chamalières ou en Dordogne était exclusive !

On touche là à un autre aspect sensible de la réforme : les syndicats ! Puissants, ils représentaient les salariés de la Banque de France et ils ne l'ignoraient pas. En dépit de tous les gages donnés par celle-ci, les menaces de grève s'amplifiaient dans les derniers mois précédant l'an 2002.

Je suggérai alors à Laurent Fabius – qui m'avait fait savoir qu'il était disposé à solliciter le chef du gouvernement si c'était nécessaire – une mesure que

L'euro : enfin une (grande) réforme...

rien ne justifiait si ce n'est l'intérêt national. Cette mesure, la plupart des fonctionnaires l'attendaient avec impatience. Laquelle ? Des augmentations de salaires aveugles et préventives en quelque sorte ! Nous ne pouvions faire plus et attendions avec anxiété la nuit du 1er janvier. Ce ne fut pas le réveillon le plus décontracté de ma vie, même si nous nous retrouvions avec François Hollande, alors premier secrétaire du PS, Jean-Maurice Ripert, un ancien camarade de l'ENA, devenu spécialiste des questions européennes, Bernard Cottin et nos épouses pour un dîner historique. Je les quittai à minuit pile pour bien m'assurer – en détail – que les billets se trouvaient bien dans les distributeurs des banques ! Étant dans l'Ouest parisien, je m'arrêtai à 1 heure du matin au distributeur de ma banque, la BNP, avenue Mozart, pour évaluer le résultat de notre travail. Je tirai 150 euros en plusieurs coupures (10, 20 et 50 euros). Ils étaient là, disponibles, tous ces billets, en cette nuit magique. Quel soulagement !

L'événement gravait à jamais en moi l'émotion professionnelle la plus profonde de ma vie. Dès le 1er janvier, on s'appelait : « Et toi, tu en as trouvé où ? Au distributeur des Champs-Élysées ? Incroyable ! » Laurent Fabius lui-même envoyait des émissaires chargés de confirmer la nouvelle. Aux quatre coins de la France, la conversion avait bien fonctionné. Restait à alimenter les professionnels, les entreprises... et les citoyens bien sûr en pièces, ce qui fut fait, et dans les délais prévus.

L'euro : enfin une (grande) réforme...

Enfin, je m'assurai que la période de coexistence entre le franc et l'euro serait suffisamment longue – en dépit de l'opposition des Européens les plus engagés qui souhaitaient aller aussi vite que l'Allemagne – pour que les Français les plus âgés ou les moins informés ne soient pas décontenancés. Mon baromètre personnel était... ma mère. Même prévenue, cette femme de caractère installée en Normandie dans le village d'Écos, ne voyait pas d'un très bon œil cette ambitieuse réforme. Mais tout se passait bien, même au fond du bocage normand. Comme quoi, pour réussir une telle réforme, il ne faut négliger aucune source d'information !

Et c'est ainsi que cette petite révolution est parvenue à faire une quasi-unanimité dans tous les milieux, y compris notre classe politique où les plus eurosceptiques ont été condamnés à partir de là à reconnaître le succès d'une réforme surgie dans la nuit et adoptée presque instantanément. Les rois mages étaient là, ne manquait que l'enfant Jésus...

11.

Et pourtant, les autres l'ont fait !

Si la France semble si difficile à réformer, c'est à cause de ses particularités psychologiques – d'aucuns parleraient de névroses – mais je ne veux pas m'aventurer en terres inconnues ! C'est vrai notamment des grands principes en matière de décentralisation, qui n'ont pas varié depuis plus d'un millénaire. La lourdeur des prélèvements obligatoires comme l'appétence de nos gouvernants pour la dépense publique complètent ce tableau et jalonnent notre histoire depuis Philippe Auguste.

Après lui, c'est Saint Louis qui fait de Paris la capitale royale. Il réforme les finances en créant une chambre des comptes. Il émet une monnaie forte fondée sur les écus d'or et les tournois d'argent (lesquels sont déjà considérés comme moins protecteurs que le métal jaune). Il réglemente les métiers et les corporations. Son petit-fils Philippe le Bel poursuit cette œuvre de concentration. Il invente de nouveaux impôts nationaux dont une sorte de TVA avant la lettre : la maltôte. De même, bien avant la séparation en droit des Églises et de l'État, ce « roi de fer » refuse tout assujettissement au pape qui ne condamne pas

107

Et pourtant, les autres l'ont fait !

l'ordre des Templiers, lequel par sa richesse et son prestige fait de l'ombre à la couronne de France. Ainsi naît le gallicanisme...

Avec Louis XI se révèle un souverain informé de tout et qui décide de tout. Il fait tracer de nouvelles routes, crée le service postal tout en développant les foires commerciales, et continue de veiller sur la bonne tenue de la monnaie. Pionnier d'une longue lignée de dirigeants, il augmente les impôts – déjà – et fait ainsi la démonstration que l'on peut gouverner en étant impopulaire.

Rois et conseillers, dans les siècles qui suivent, s'appuient sur tout ce socle moyenâgeux pour réformer et moderniser. François Ier impose le français par l'édit de Villers-Cotterêts en 1539. Henri IV et Sully font prospérer l'agriculture, grâce à l'assèchement des marais qui augmente les surfaces cultivées et à l'introduction de la vigne, entre autres nouvelles productions.

Après la Fronde, Louis XIV fait rayonner l'absolutisme en emprisonnant tout individu susceptible de lui faire de l'ombre, comme le trop riche et trop ostentatoire surintendant Nicolas Fouquet, pourtant l'un des premiers visionnaires en matière de finances publiques. Monarque absolu, le Roi-Soleil entend briller dans tous les domaines, religieux comme militaire. Il institue en 1688, trois ans après la révocation de l'édit de Nantes, la milice obligatoire, ancêtre d'un service militaire qui ne s'éteindra qu'en... 1997.

Et pourtant, les autres l'ont fait !

Il porte aussi au firmament les déficits publics. Sous son règne, aucun budget de l'État n'est excédentaire entre 1676 et 1731, soit pendant cinquante-cinq ans. Un record qui pourrait être battu en 2030 si l'on n'y prend garde puisque les déficits se sont succédé sans relâche depuis 1975 !

Avec les Lumières, le XVIIIe siècle voit surgir la volonté réformatrice, hélas inaboutie puisqu'elle n'a pas su éviter la Révolution. Ainsi de la plus importante révolution financière jamais lancée dans toute l'Europe par le régent et le banquier Law en 1716. Il s'agit de liquider l'immense endettement laissé par Louis XIV, décédé un an plus tôt. En résumé, les bénéfices tirés d'un monopole commercial de la Compagnie des Indes et de la collecte des impôts indirects doivent pour la première fois garantir la valeur des actions et le capital de la banque royale. Cet établissement public stimule la croissance en fournissant les liquidités nécessaires grâce à la « monnaie papier », ces billets de banque qui supplantent les espèces métalliques.

Jusque-là tout va bien. Une véritable bourse en plein air se développe rue Quincampoix, au centre de Paris. Pour acheter le plus d'actions possible, la banque fait tourner la planche à billets, si bien que ce qui devait constituer un plan de relance inédit devient la première bulle spéculative de l'histoire moderne : en quatre mois, entre février et mai 1720, la masse monétaire des billets double et fait quasiment disparaître

Et pourtant, les autres l'ont fait !

la monnaie métallique. Les prédécesseurs de Keynes inventent les *subprimes* et entraînent l'économie française dans une effroyable banqueroute. Les billets de banque ne réapparaîtront que sous la Révolution avec les assignats (pas une réussite non plus) et les Français resteront méfiants pendant plus de deux siècles à l'égard du papier bancaire, de la valeur de la monnaie et plus encore de la volatilité des bourses. Cette descente aux enfers monétaire a depuis rendu indispensable l'octroi de garanties par l'État afin de réduire les risques associés aux emprunts. Alors que les Lumières devaient nous conduire au marché, elles ont au contraire renforcé le dirigisme de l'État !

Échec des réformes prérévolutionnaires encore avec les initiatives prises par Turgot entre 1774 et 1776 pour créer un cadastre et faire en sorte que paysans et classe moyenne puissent racheter des droits seigneuriaux. Un effort sans lendemain qui a contribué à faire gronder la révolte.

La Révolution jacobine renforce encore le centralisme et la verticalité absolus, avant que Bonaparte ne pose les fondements de notre organisation administrative actuelle. Nous lui devons la direction générale des Impôts (devenue DGFiP après sa fusion laborieuse avec la direction de la Comptabilité publique), la Banque de France, la justice placée sous l'autorité d'un garde des Sceaux, les préfets et sous-préfets, sans oublier le Code civil composé de 2 281 articles réglementant le droit des personnes, le droit de propriété,

Et pourtant, les autres l'ont fait !

le droit des contrats… Enfin notre police moderne est directement héritée de celle qui fut placée sous l'autorité du ministre de l'Intérieur Joseph Fouché, les armées demeurant quant à elles de la seule responsabilité de l'empereur.

Nous vivons depuis plus de deux siècles sur ces principes. Outre la modernisation économique, commerciale et financière, Napoléon III a certes lancé les premiers balbutiements de l'enseignement pour tous avec Victor Duruy en 1863. Mais c'est sous la IIIe République que sont instaurés l'école publique et obligatoire, la loi sur les associations, celle sur la séparation des Églises et de l'État, l'impôt sur le revenu par Joseph Caillaux, la stabilité monétaire et financière avec Poincaré, avant que le Front populaire ne modifie en profondeur le droit social avec la semaine des 40 heures et les congés payés.

Ces avancées sont consacrées en 1945 par le Conseil national de la Résistance (CNR) qui élargit la Sécurité sociale à la santé, à la retraite, au droit du travail, qui renforce le pouvoir des syndicats et reconnaît le droit de vote aux femmes. Ces principes, ceux de l'État-providence, nous guident encore aujourd'hui, et l'actualité de 2023 montre combien les Français y sont attachés.

Depuis, des réformes ont vu le jour, certaines avec succès, telle la fusion de certaines directions de Bercy, mais aucune n'a concerné la refonte de l'État du sol au plafond. Même la révision générale des politiques

Et pourtant, les autres l'ont fait !

publiques (RGPP), mise en œuvre durant le quinquennat de Nicolas Sarkozy, ne s'est pas attaquée à une refonte véritable et durable.

Parce qu'il s'agit d'une mission impossible ? Certainement pas ! D'autres pays s'y sont attelés avec succès. Parmi eux, deux exemples à la fois lointains et proches, le Canada et l'Italie.

Quand Paul Martin est nommé ministre des Finances dans le gouvernement du Premier ministre Jean Chrétien, en novembre 1993, le Canada affiche le pire déficit budgétaire de tous les pays du G7. Le Parti conservateur de Brian Mulroney vient d'être battu à cause de son incapacité à assainir les finances publiques. La situation est sérieuse : les déficits publics atteignent près de 9 % du PIB (dont 6 % pour le gouvernement fédéral) ; l'endettement frôle les 70 % du PIB, ce qui semblerait aujourd'hui raisonnable mais alarme à cette époque les marchés financiers, d'autant plus que le service de la dette engloutit environ 40 % des recettes fiscales.

Paul Martin, soutenu par le chef du gouvernement, s'attelle alors à une réforme drastique. Objectif : diminuer de 20 % les dépenses publiques. Pour l'atteindre, il ne fait pas dans la dentelle. Le nombre de ministères passe de 32 à 23. Des milliers de postes de fonctionnaires – plus d'un sur six – sont supprimés et les rémunérations sont gelées pour trois ans dans le secteur public. Certains ministères, comme l'Industrie

Et pourtant, les autres l'ont fait !

et les Transports, doivent faire plus de 50 % d'économies tandis que les subventions aux entreprises diminuent de 60 %...

Les résultats sont spectaculaires : dès 1997, le Canada se retrouve en situation d'excédent budgétaire – ce qui n'est pas arrivé en France depuis 1974 – ; en dix ans, les dépenses publiques passent de 48,8 à 37,1 % du PIB.

Les secrets de cette formidable transformation ? « Quand je suis arrivé au ministère des Finances, cela faisait vingt-cinq ans que les gouvernements successifs assuraient qu'ils allaient régler le problème du déficit sans y parvenir, confie Paul Martin au *Point* dix ans plus tard. Personne n'y croyait plus. Nous avions fait campagne sur la promesse de réduire le déficit à 3 % du PIB. Pour être fidèle à cette promesse, je savais que je devais agir vite, avant la récession mondiale suivante. Quand on coupe dans les budgets, il faut impérativement que l'économie aille bien, sinon, on aggrave mécaniquement la récession en contractant la demande. Je devais donc gérer deux contraintes : prendre le temps de préparer l'opinion publique afin qu'elle accepte les sacrifices demandés à tous ; mettre la réforme en œuvre avant l'arrivée de la prochaine crise économique mondiale. J'avais besoin d'un an pour convaincre. J'ai présenté mon grand budget en février 1995. Deux ans plus tard, la crise asiatique survenait. Si nous n'avions pas agi, nous nous serions retrouvés sous la dépendance des marchés financiers,

113

Et pourtant, les autres l'ont fait !

puisque 45 % de notre dette étaient détenus par des investisseurs étrangers. C'était aussi une question de souveraineté. »

Voilà donc les deux premiers impératifs à respecter : choisir son moment, celui de la prospérité, et embarquer toutes les parties prenantes, y compris les citoyens les plus éloignés des centres de décision. Mais les recettes de Paul Martin se nichent aussi dans des détails très concrets. Le lendemain de son arrivée au ministère des Finances, il réunit les directeurs de chaque ministère et leur présente son ambition : non pas réduire le déficit budgétaire mais l'éliminer. Puis il rencontre chacun de ses collègues du gouvernement fédéral et lui annonce soit que son ministère allait disparaître, soit que son budget allait être réduit de 20 à 50 %, même 65 % pour celui de l'Industrie...

Est-il nécessaire de préciser que son message est mal perçu : « J'ai entendu beaucoup de commentaires sur mes ancêtres et sur mon équilibre cérébral ! » raconte-t-il. Mais il trouve une astuce : créer un comité regroupant tous les ministres. Chacun peut venir y plaider sa cause pour récupérer des ressources. Seule contrainte : que le même montant d'économies soit obtenu à l'arrivée. Redonner à l'un signifiait donc prendre un peu plus à un autre. Au bout du compte, le comité n'accorde rien à personne.

Mais le plus dur reste à faire. Décider de faire des économies est une chose. Réussir à appliquer ces décisions en est une autre ! Paul Martin explique

Et pourtant, les autres l'ont fait !

aux ministres et aux hauts fonctionnaires qu'ils ne seront pas les seuls à faire des sacrifices, mais que ce sera le cas pour tout Canadien. Il est convaincu que la moindre exemption crée un sentiment d'injustice dans la population et rend de fait la transformation illégitime. Chacune et chacun contribuera donc selon ses moyens.

Pour vaincre les résistances internes, évidemment considérables, Jean Chrétien et Paul Martin ont besoin du soutien de la population dans son ensemble. Ils sont convaincus qu'il faut n'épargner personne pour que la réforme devienne l'affaire de tous. « Le Canadien moyen, expose-t-il, n'a rien à faire des marchés financiers. Nous avons bien expliqué qu'on ne coupait pas dans les dépenses pour plaire aux marchés, mais pour préserver les programmes sociaux à terme, même s'il était nécessaire de les malmener pendant quelques années. Mais avant d'agir, il fallait expliquer. L'erreur de beaucoup de gouvernements, c'est de décider en secret, entre initiés. Au lieu de rester à Ottawa pour discuter avec les partenaires sociaux, j'ai sillonné tout le pays. Chaque soir, nous faisions salle comble dans l'auditorium d'une ville. Les gens venaient. Ils avaient envie de comprendre. Nous avons aussi réuni tous les groupes d'intérêts autour d'une même table, et les discussions étaient publiques, retransmises par la télévision. Ainsi, ce n'était pas le gouvernement contre les syndicats, ou le gouvernement contre les entreprises.

Et pourtant, les autres l'ont fait !

Nous étions les animateurs de ces négociations, pas les responsables des empoignades qui s'y déroulaient.» Certains, sur le Vieux Continent, pourraient peut-être s'inspirer de ce pragmatisme sans prétention... De Montréal à Vancouver, la population, bien préparée, n'a pas été surprise par les mesures désagréables, et personne n'est descendu dans la rue. Et le plus spectaculaire est la vitesse du redressement, puisque le déficit a disparu dès 1997, année où le gouvernement réinvestit dans l'éducation et dans la santé. En 1999, Paul Martin annonce la plus importante baisse d'impôts de l'histoire du Canada...

Cette expérience montre que l'impopularité n'est pas forcément au bout de la réforme, puisque l'équipe de Jean Chrétien restera aux affaires jusqu'en 2003 ! Interrogé, au milieu des années 2010, sur l'incapacité apparente de la France à réformer, Paul Martin invoque plusieurs raisons, dont la première est le manque de transparence. Aucun président, aucun Premier ministre n'a pris le risque de promettre de la sueur et des larmes, dire la vérité, et y associer tout le monde...

C'est ce qu'a fait l'Italie durant les années 1990. Son cas est intéressant car sa structure politico-administrative est assez proche de celle de la France. Le père de ces réformes, l'ancien ministre de l'Administration publique et de la Réforme de l'État, Franco Bassanini, analysait en 2005, dans un rapport intitulé

Et pourtant, les autres l'ont fait !

Réformer l'État qu'il a présenté devant des députés français, les conditions pour relever un tel défi.

« À la fin des années 1990, la condition de l'administration italienne était tout à fait désastreuse : un État délabré, bureaucratique, interventionniste et centralisé, et une administration obsolète, inefficace et coûteuse (malgré quelques cas d'excellence) freinaient sérieusement la croissance économique et sociale du pays ; ils contribuaient également à l'impressionnante croissance de la dette publique, qui était passée de 57,7 % du PIB en 1980 à 125 % en 1994, décrit-il. Compte tenu de ce point de départ, les résultats obtenus par la réforme italienne apparaissent très remarquables. Celle-ci a été conçue et mise en œuvre comme une réforme globale et complète de l'État et de l'administration publique et a été réalisée avec la participation des citoyens, des entreprises et de toutes les administrations publiques, centrales et locales. »

Le résultat ? Le coût du personnel public est passé de 12,6 % à 10,5 % du PIB entre 1990 et 2001. Le déficit public, de 11,1 % du PIB en 1990, était presque nul en 2000, à 0,8 %. La dette publique a été réduite de 125,3 % du PIB en 1995 à 108,3 % en 2002. Les lois de simplification ont divisé par sept le nombre de signatures certifiées requises par l'administration publique (de 38 millions en 1996 à 4,5 millions en 2001). Près de 200 types d'autorisations administratives ont été supprimées. Les opinions positives concernant

Et pourtant, les autres l'ont fait !

la qualité des services publics sont passées de 38 %
en 1996 à 59 % en 2001.

Comme Paul Martin au Canada, Franco Bassanini
considère que la fabrique d'un consensus est incontournable pour qui veut sérieusement réformer l'État.
Il est donc indispensable de « ratisser large » dans la
concertation : « La participation d'une grande variété
d'acteurs institutionnels et sociaux (Parlement, administrations centrales et gouvernements locaux, syndicats, organisations d'entreprises et de consommateurs)
élargit le consensus et facilite la mise en place de la
réforme. Plus le leadership est fort, plus il est facile
d'obtenir la participation d'un grand nombre d'acteurs sans que le plan de réforme perde sa cohérence. » Il n'est pas sûr, pour employer une litote,
que les différents acteurs publics en France soient
les mieux armés pour satisfaire à cette condition.
Le pouvoir présidentiel vertical ne considère pas les
corps intermédiaires, lesquels prennent toute initiative
de changement pour une agression. « Il faut noter la
grande différence entre les syndicats italiens et français
du secteur public : en Italie, les principaux syndicats
du secteur public représentent les travailleurs des
secteurs publics et privés, alors qu'en France ils ne
représentent que ceux de l'administration publique.
Dans la mesure où ils englobent les utilisateurs/clients
de l'administration publique et les travailleurs de
cette administration, les syndicats italiens ont été et

Et pourtant, les autres l'ont fait !

se trouvent plus impliqués pour faire comprendre à ceux-ci la nécessité de moderniser l'administration. » Autre observation : « Plus un État est délabré, plus il est facile de trouver le consensus nécessaire pour une réforme radicale. » Et Franco Bassanini de raconter un long cheminement : à la fin des années 1970, « Massimo Severo Giannini, le bien connu maître du droit public européen, fut nommé ministre de la Fonction publique. Dans son rapport sur la situation du gouvernement italien, il qualifia de désastreuse l'administration publique en Italie. Dix ans plus tard, à la fin des années 1980, il remarqua avec désespoir que personne n'avait pu contester la vérité de cette conclusion, mais que rien n'avait changé et qu'aucune réforme n'avait été introduite. Cependant, la divulgation de ce constat si négatif sur la condition de l'administration publique italienne et la conséquente conviction de la nécessité d'une réforme radicale ont constitué des facteurs clés pour la réussite du processus de réforme au cours des années suivantes. Au début des années 1990, la nécessité de changement alimenta une forte demande de réformes et facilita l'obtention d'un vaste consensus en faveur de projets radicaux de modernisation de l'administration. » Conclusion : « Plus inefficace est une administration publique, plus facilement on obtient l'appui social nécessaire pour la réformer. » Encore un petit effort et la bureaucratie française sera prête !

12.

L'État omniprésent

Pour réformer l'État, il faut tout d'abord mieux le définir. En France, nous vivons depuis des siècles avec un État tout-puissant, qui s'occupe de tout, de la politique internationale aux drapeaux qui doivent orner les mairies en passant par le renouveau démocratique, la diversité, l'organisation territoriale, la mer, la vie associative, la francophonie, la mémoire, la citoyenneté, la petite enfance, l'arrachage des haies ou la réglementation sur les échafaudages. Ainsi espère-t-on occuper 42 ministères pour gérer notre pays. À cela s'ajoute, hors Élysée qui regroupe 30 à 40 collaborateurs, plusieurs centaines de conseillers de cabinet chargés d'aider les ministres et d'orienter l'action des différentes administrations. Il en résulte un train de vie de l'État parmi les plus élevés du monde, étant entendu que chacune et chacun dispose de chauffeurs et d'officiers de sécurité qui leur permettent de circuler toutes sirènes hurlantes, sans se préoccuper des feux de signalisation, des autres automobilistes et même des piétons. Quelle exemplarité pour nos concitoyens soumis aux 80 kilomètres-heure sur route et de plus en plus souvent aux 30 kilomètres-

121

L'État omniprésent

heure en ville afin de préserver sécurité routière et qualité de l'air !

Le gouvernement d'Élisabeth Borne a établi un nouveau record dans une compétition où le niveau est pourtant des plus élevés : d'un coût de 174 millions d'euros, il se révèle être le plus cher de l'histoire de la Ve République. Il compte 565 conseillers, soit plus de 13 par ministère ou secrétariat d'État, alors qu'en 2017, le président Macron ne voulait pas plus de 5 conseillers par membre du gouvernement. Au printemps 2023, celui-ci occupait 2 822 personnes, dont plus de 2 200 huissiers, secrétaires, chauffeurs, cuisiniers, officiers de sécurité...

Non seulement l'État s'occupe de tout, mais sa production normative pléthorique le conduit à enfreindre ses propres règles. Sa dimension titanesque interdit un pilotage fin des politiques publiques, situation qui l'amène, en toute chose, à dépenser « un pognon de dingue ». Le « quoi qu'il en coûte », nécessaire pour survivre économiquement à la pandémie de Covid-19, a ainsi pris des proportions effrayantes pour les générations à venir, qui ne manqueront pas de devoir rembourser. L'addition s'élève à près de 100 milliards d'euros, sans compter les différents prêts garantis accordés aux entreprises, pour un montant de 4 milliards par mois sur deux ans, soit près de 200 millions d'euros par jour ouvré !

Alors, dans ces circonstances très particulières, réformer l'État requiert d'abord de le recentrer sur

L'État omniprésent

ses missions essentielles : assurer notre défense et notre sécurité ; garantir de solides budgets et répartir dépenses et recettes équitablement entre les Français ; favoriser une économie prospère pour le travail comme pour l'investissement ; procurer une éducation de qualité partout sur le territoire ; maintenir un système de santé de qualité pour chacun d'entre nous ; se doter d'une justice simple, rapide et efficace ; préserver dialogue et cohésion sociale ; veiller aux développements écologiques et numériques compatibles avec la croissance, l'emploi, et nos libertés ; équilibrer de manière lisible et concrète nos règles et compétences avec celles d'une Europe dont l'importance des enjeux ne s'impose pas encore dans l'esprit de tous nos concitoyens.

Cela fait déjà beaucoup ! C'est le prix à payer pour maintenir une culture et une singularité françaises à laquelle nous sommes heureusement très nombreux à tenir. La tâche est immense mais ces différentes missions peuvent être assumées avec 15 ministres à temps plein, soit 60 % de moins qu'aujourd'hui. Chacun d'entre eux pourrait s'appuyer sur une administration aux contours bien précisés, ce qui éviterait de multiplier les structures créées au gré des circonstances, qui interfèrent les unes avec les autres dans une consternante cacophonie décisionnelle. Sans compter les autorités indépendantes ou consultatives qui, le plus souvent, ne font que ralentir l'application des décisions politiques.

L'État omniprésent

Ainsi, s'agissant de l'écologie, nous bénéficions depuis le début de ce quinquennat de deux ministres (Transition énergétique et Transition écologique), auxquels s'ajoute un secrétariat à la planification écologique placé sous l'autorité de la Première ministre. De même, en matière sociale, la nation est-elle riche d'un ministre chargé de la prévention, d'un autre pour les solidarités, d'un troisième pour l'autonomie (laquelle ?), sans oublier une ministre déléguée chargée de l'organisation territoriale et des professions de santé, ainsi qu'une autre chargée des personnes handicapées. Et tout cela sans que les services publics de santé, le sort et l'implantation du personnel de santé ou la gestion des centres d'accueil et des Ehpad en aient été améliorés.

La pléthore gouvernementale doit beaucoup plus à des raisons de communication ou de distribution des rôles qu'à une volonté d'améliorer la situation de chacun grâce à une transformation radicale de l'État. Il y avait jadis un ministre du Temps libre, il y en a désormais une chargée de la... citoyenneté !

Réformer l'État impose également une simplification des structures ministérielles pour éviter la multiplication des féodalités motivées par la seule perpétuation de leurs pouvoirs, si délégués soient-ils. La soif d'exister médiatiquement l'emporte désormais sur de plus nobles considérations : du ministre le plus puissant au secrétaire d'État le plus fantomatique, toutes et tous disposent d'un conseiller en communi-

124

L'État omniprésent

cation – si ce n'est deux en raison de la place prise par les réseaux sociaux – qui figure parmi les membres les plus importants du cabinet, ce qui n'était pas le cas il y a encore quelques années.

Cette disposition d'esprit conduit inévitablement à l'inflation législative, réglementaire et normative que l'on connaît : chacun annonce, promet, veut un projet de loi qui porte son nom. À ce féodalisme sourcilleux s'adjoint un corporatisme jamais démenti. Les administrateurs d'État obéissent à un corps, à une direction et à un ministère. Et la réforme de l'ENA mise en œuvre par Emmanuel Macron n'y changera rien. Les rivalités ministérielles ne sont pas nées hier et ne s'éteindront certainement pas demain. Ainsi aurait-on pu penser que le projet de loi sur l'industrie verte relève des ministres de l'Écologie, car les directions de l'Énergie et de l'Environnement sont depuis plusieurs années unifiées. Eh bien non, c'est le ministre de l'Économie qui l'a orienté, voulant imprimer sa marque et montrer (encore une fois) aux entreprises que le véritable pouvoir se trouvait à Bercy.

Il fallait éviter de revivre le rattachement au ministère des Affaires étrangères du Commerce extérieur, exigé par Laurent Fabius pour accroître son périmètre. La féodalité financière se trouvait concurrencée sur ses terres par la féodalité diplomatique. Cela n'a en rien diminué les compétences – et les effectifs – de la direction du Trésor dans notre représentation

125

L'État omniprésent

commerciale à l'étranger et la promotion de la France auprès des investisseurs internationaux. Ainsi du tourisme également : il est désormais associé à l'artisanat et aux PME, au sein d'un même ministère à Bercy, tandis qu'il incombe au Quai d'Orsay de consacrer une journée par an dans presque toutes les ambassades pour valoriser (à juste titre) la cuisine française au-delà de nos frontières.

Ce corporatisme féodal que le président Macron a entendu réduire en supprimant l'ENA – à laquelle il était pourtant à l'origine très attaché – contribue à éloigner les citoyens des décideurs. Ces derniers, dédiés à une carrière dans un seul ministère ou direction, perdent la vision d'ensemble que recherche tout administré auprès de ses interlocuteurs politiques ou administratifs. Instituer plus de mobilité ne suffirait pas, loin de là, à réformer l'État de fond en comble, mais ce serait un prérequis nécessaire. La réforme de l'ENA en cours de concrétisation se réclame de cette ouverture mais ne la met en place que de façon superficielle. Elle met certes fin au classement de sortie, supprime certains grands corps très spécifiques, comme ceux des diplomates et des préfets, qui auraient mérité de survivre, et instaure une période de « rodage » à la sortie de l'école avant de choisir sa voie définitive. Mais elle maintient l'emploi à vie et se refuse à organiser une haute fonction publique de mission, où chacune et chacun serait nommé à un poste avec

L'État omniprésent

des objectifs précis et pour une durée déterminée. Je suis donc très partagé sur cette réforme ambiguë. L'expérience de terrain pluridisciplinaire est, aux yeux des observateurs étrangers, ce qui manque le plus à notre administration, par ailleurs compétente et loyale dans son immense majorité. Autre impératif : que les ministres s'intéressent davantage à leur administration, afin d'être en mesure, s'il le faut, de réduire le nombre de directions d'administration centrale, qui ne cesse d'augmenter puisque les créations ne sont pas compensées par des suppressions.

Une fois toutes ces tâches ingrates accomplies, le plus dur reste encore à faire : amener l'État central, en place depuis des siècles dans notre pays, à se départir d'une partie de ses prérogatives au profit des collectivités territoriales. Un exercice difficile car notre centralisme remonte aux racines les plus anciennes de notre histoire politique. Mais la France est le pays le plus centralisé d'Europe. Elle ne s'épanouira pas si elle ne s'autorise pas à respirer. Est-il normal que les incitations qui soutiennent financièrement les particuliers comme les entreprises soient les mêmes à Roubaix et à Perpignan ? Est-il logique que les soutiens à l'agriculture s'exercent uniformément quels que soient les terroirs ? Est-il sain que les normes en matière de logement ne diffèrent pas entre Paris et la campagne normande ? Est-il raisonnable de décider dans le cadre feutré des administrations centrales des localisations

L'État omniprésent

d'hôpitaux ou des parcours médicaux tandis que le syndrome de Paris face au désert français n'a jamais été aussi aigu ? Alors que l'on a mis sur pied des agences régionales de santé (ARS), pourquoi ne pas confier leur pilotage aux autorités régionales ? Enfin, comment admettre que les chefs d'établissement de l'enseignement public ne soient toujours pas habilités, sauf exception, à recruter eux-mêmes le personnel enseignant, affecté par la rue de Grenelle ? Pourquoi limiter les compétences des régions, des départements et des collectivités locales au seul entretien immobilier des établissements scolaires, sans qu'ils aient le moindre pouvoir et contrôle sur les modes et coûts de fonctionnement de ceux-ci ? Cela alors même que le ministre de l'Éducation nationale n'arrive pas à faire respecter la laïcité dans les classes : il préfère contrôler l'enseignement catholique, qui m'a formé avec Sébastien Lecornu, plutôt que de s'attaquer au port du voile et aux pratiques islamiques à Nice ou ailleurs !

Réformer l'État, c'est donc accepter de se diriger vers une décentralisation assumée et renforcée, qui permette de clarifier les responsabilités non seulement entre l'État et les collectivités territoriales, mais aussi entre celles-ci. Notre décentralisation inachevée, en effet, a enfanté une superposition de structures et de compétences entre régions, départements, métropoles, intercommunalités communes qui suscite complexité et incompréhension pour les citoyens.

L'État omniprésent

Mais loin de moi la volonté de m'ériger en procureur. Pour mieux décrypter les péchés de l'État immobile, il est nécessaire que je me livre à une sorte d'examen de conscience.

13.

Et si on supprimait des ministères au lieu d'augmenter le nombre de ministres ?

Les Canadiens l'ont fait. En serions-nous incapables ? Ils ont supprimé des directions d'administration centrale et des ministères, sans que la qualité du service public s'en ressente, bien au contraire. En France, la tendance est inverse. Le gouvernement d'Élisabeth Borne compte 42 membres. Certains d'entre eux ne peuvent se reposer sur aucune administration. La « petite enfance », notamment, ne dispose que d'un cabinet. Il faut beaucoup de force de caractère à sa titulaire pour réussir à imprimer des actions concrètes au lieu de s'en tenir à de la simple cosmétique de communication. Et qui a déjà entendu parler de la secrétaire d'État chargée des Anciens combattants et de la Mémoire ? Elle est au moins rattachée à un ministère, celui des Armées, qui peut lui fournir un certain soutien logistique. Mais un simple office ne suffirait-il pas à soutenir des anciens combattants dans leurs démarches ? Et qu'en est-il de la secrétaire d'État à la Jeunesse et au Service national universel (SNU) ? Elle dépend de deux ministères, celui des Armées et celui de l'Éducation nationale. Et une fois le caractère obligatoire de ce

Et si on supprimait des ministères...

SNU abandonné, au printemps 2023, que se passe-t-il ? Rien. Il n'y a plus de SNU, mais toujours une personne chargée de s'en occuper au gouvernement. Sous le quinquennat précédent, le gouvernement Castex comptait également 42 membres, à égalité avec le premier qu'avait formé Alain Juppé après l'accession de Jacques Chirac à l'Élysée, en 1995. Celui de son prédécesseur, Édouard Philippe, peut sembler resserré en comparaison : 30 ministres et secrétaires d'État. C'était, il est vrai, un engagement de campagne du candidat Macron en 2017, qui voulait se limiter à 15 ministres. Il l'a fait, mais a nommé autant de secrétaires d'État.

Emmanuel Macron souhaitait ainsi se démarquer, sûrement, de ce qui se pratiquait dans l'« ancien monde » : 38 personnes dans le gouvernement Cazeneuve, 34 dans celui de Manuel Valls, mais 41 dans celui d'Élisabeth Borne après le remaniement de juillet 2023. Le chef de l'État n'a donc pas réussi à réduire la taille de son équipe ministérielle. La tradition l'a emporté !

Reconnaissons que les gouvernements surpeuplés représentent une tradition française qui a la vie dure. Elle résulte des différentes exigences politiques qui conditionnent leur composition. Il convient que toutes les sensibilités politiques soient représentées. Ainsi Emmanuel Macron doit-il réserver des places aux partis alliés à Renaissance, Agir, Horizons ou le MoDem. Les équilibres régionaux font aussi partie

Et si on supprimait des ministères...

de l'équation. Sous François Hollande, Carole Delga, alors inconnue du grand public et même d'une partie du personnel politique, élue députée pour la première fois en 2012, a été nommée secrétaire d'État chargée du Commerce, de l'Artisanat, de la Consommation et de l'Économie sociale et solidaire, ce qui permettait non seulement de satisfaire la parité femmes-hommes, mais aussi de représenter la région Occitanie. Enfin, certains poids lourds doivent figurer à l'affiche, même s'ils sont issus du même département. C'est le cas de deux ministres importants d'Emmanuel Macron, Bruno Le Maire et Sébastien Lecornu, tous les deux élus de l'Eure. Gageons que si le centriste Hervé Morin, aujourd'hui président de la région Normandie mais qui a lui aussi démarré sa carrière politique dans l'Eure, s'était rallié à Emmanuel Macron, il aurait également hérité d'un ministère.

Quand Lionel Jospin était Premier ministre de cohabitation et que j'étais directeur adjoint de son cabinet, il était capital de réunir toutes les nuances de la gauche unie, avec entre autres la verte Dominique Voynet et la communiste Marie-George Buffet, nommées ministres déléguées. Certains ministres de poids chargent aussi la balance en exigeant d'avoir beaucoup de secrétaires d'État pour bâtir leur petit empire au sein du gouvernement. C'était le cas de Martine Aubry, par exemple.

Il serait possible de faire remonter cette science des équilibres politiques à l'élection de François Mit-

Et si on supprimait des ministères...

terrand en 1981, où toutes les composantes de l'union de la gauche, et toutes les sensibilités du Parti socialiste devaient figurer autour de la table du Conseil. Mais n'était-ce pas déjà le cas durant le septennat de Valéry Giscard d'Estaing, quand les « deux droites », selon la distinction du professeur de sciences politiques René Rémond, se livraient à une cohabitation glaciale ?

Comment sortir de cette spirale amorcée il y a près d'un demi-siècle ? La réponse est simple en apparence : il suffit de mener une réflexion sur ce que doivent être les contours et les enjeux de chaque ministère, ce qui n'est jamais le cas en France et n'a jamais cessé de me surprendre. Simple en apparence, mais très difficile à mettre en œuvre en réalité. Comment ne pas donner satisfaction à tel groupe de pression, qui veut que sa thématique soit présente au plus haut niveau ? Comment prendre le risque de transformer un allié politique en ennemi potentiel, parce que lui ou un de ses fidèles n'a pas obtenu le portefeuille qu'il convoitait ? On peut même créer des ministères pour symboliser certains groupes de citoyens longtemps oubliés... sans que leurs conditions de vie soient améliorées. C'est ainsi qu'un ministère des Rapatriés a été instauré en 1995, soit trente-trois ans après la fin de la guerre d'Algérie.

À toutes ces questions, il n'existe finalement qu'une seule réponse, toujours la même : faire preuve de courage politique !

14.

Peut-on réformer sans argent ?

En principe, réformer l'État doit permettre de réduire prélèvements obligatoires et dépenses publiques. C'est bien sur ces fondements que l'Union européenne, hors crises (Covid-19) ou guerre (Ukraine), requiert dans le Pacte de stabilité et de croissance plus de réformes structurelles pour réduire déficit et dette publics. Les transformations vers plus de modernisation permettent d'optimiser les moyens de l'administration. Alors oui, bien entendu, il faut commencer par investir, j'en suis convaincu, et de nombreuses études l'ont montré, qu'il s'agisse d'équipements routiers, ferroviaires ou énergétiques, aujourd'hui digitaux, afin de permettre à une nation de mieux vivre et d'accroître sa compétitivité.

Car au bout du compte, investir pour réformer, réformer pour moderniser l'administration rapporte plus que cela ne coûte. Renforcer la mobilité entre les administrations, développer la polyvalence des agents, accroître les échanges entre fonctions publiques d'État et territoriales, coordonner davantage les services de l'État déconcentrés sous l'autorité des préfets, mettre en place des maisons de service public, digitaliser

Peut-on réformer sans argent ?

les relations entre les administrations et les usagers dès lors que les équipements sur le territoire le permettent... toutes ces actions sont nécessaires pour réaliser des économies à moyen terme.

De même, une réforme de l'État autre que cosmétique passe d'abord par des gouvernements plus resserrés afin d'instaurer des contacts plus directs entre les ministres et les fonctionnaires chargés de les servir, à l'instar de ce qui se pratique en Allemagne et au Royaume-Uni. J'ai été frappé comme ambassadeur de France au Royaume-Uni de rencontrer un secrétaire d'État au Home Office qui suivait dans les moindres détails ce qui se passait dans chaque commune britannique, que ce soit en matière de sécurité ou d'aménagement économique. Il m'expliquait que sa tâche consistait à se déplacer sans cesse pour rencontrer pratiquement tous les élus locaux qu'il connaissait à titre personnel.

De Gambetta à Ferry, de Clemenceau à Tardieu, de Blum à de Gaulle, les hommes d'État façonnent la République que les hauts fonctionnaires sont chargés de conserver. Le ministre en principe contrôle son administration mais il n'a pas, sauf exception, les compétences pour la diriger. Ce sont donc, héritage de la IIIe République, les fonctionnaires qui la pilotent. Ainsi, la bureaucratie peut être considérée comme une sorte de corps intermédiaire qui doit désormais rendre des comptes au Parlement au travers des commissions d'enquête parlementaires et des audi-

Peut-on réformer sans argent ?

tions qui se sont multipliées au cours des dernières législatures. Cette évolution permet théoriquement d'éviter que la souveraineté populaire soit neutralisée par des groupes aussi discrets qu'influents, des syndicats aux grands cabinets de conseil anglo-saxons en passant par certains conglomérats du secteur. Il reste que ces personnes, ces agents ne sont pas élus, donc pas directement responsables devant les citoyens. L'équilibre idéal entre efficacité devant ces derniers et démocratie reste cependant à trouver, comme le montrent l'actualité parlementaire récente et la montée rapide dans l'opinion de ce sentiment de rejet à l'usage du 49-3 quasi permanent.

Les réformes sur le fonctionnement de ministères régaliens comme ceux de l'Intérieur ou de la Justice ont ainsi permis d'économiser en rationalisant police, gendarmerie et justice par exemple. Cette rationalisation s'avère parfois excessive lorsque nous en arrivons à faire obstacle aux polices municipales ou à ne pas utiliser des immeubles inoccupés par l'État pour les transformer en centres pénitentiaires destinés à celles et ceux qui sont condamnés à de courtes peines. La seule exception concerne sans doute le ministère de la Défense tant la part de notre puissance nucléaire est décisive et l'affirmation de notre souveraineté nationale déterminante.

Alors pourquoi ne pas réformer davantage ? Pour une raison triviale mais symbolique : tant les ministres, les conseillers, que les hauts fonctionnaires dont je

Peut-on réformer sans argent ?

faisais partie ne souhaitent voir réduits ni leur pouvoir ni leur budget. Ce qui revient au même puisque dans notre pays, hélas, budget est synonyme de pouvoir. De plus, nous craignons de bouleverser des traditions plus que centenaires et ainsi de mécontenter une fonction publique qui représente une part importante de la population active, qui bénéficie d'un statut et qui est toujours prompte à le défendre. Pour autant nous évoluons ces dernières années en recrutant une part plus importante de contractuels, comme l'ont fait avant nous l'Italie et plusieurs pays scandinaves.

C'est aussi une manière de réformer sans argent, voire en en économisant, grâce à une plus grande flexibilité de la masse salariale. Enfin, nombre de réformes très utiles ne coûtent rien, telle la loi organique sur les finances publiques et toutes les lois pluriannuelles qui guident à terme l'action de certains ministères, des lois contre la corruption et pour la transparence de la vie publique, et celles sur la régulation financière. La création de certaines institutions comme la Banque publique d'investissement (Bpifrance) s'avère aussi, grâce à son approche pragmatique des entreprises, une très belle réussite française et internationale.

D'autres initiatives se sont révélées beaucoup plus coûteuses sans jamais être remises en cause, comme l'application des 35 heures de travail hebdomadaire dans le secteur public et hospitalier, mesure qui ne figurait pas dans le programme de Lionel Jospin à

Peut-on réformer sans argent ?

l'origine, et qui a été imposée par une coalition improbable qui allait de Martine Aubry au centre gauche !
Or justement, je le rejoins en 1997 comme directeur adjoint de son cabinet, puisqu'il vient d'être nommé Premier ministre. À ce titre, je dois mettre en musique cette fameuse loi sur les 35 heures, promesse électorale de la gauche victorieuse aux élections législatives. Je passe des journées en réunion avec les ministres concernés, les syndicats de salariés, le Medef, et dois assumer les objections, voire les indignations des uns et des autres. C'est assez embarrassant car cette loi sur les 35 heures, ce n'est quand même pas moi qui l'ai inventée ! Je ne suis pas convaincu de sa pertinence et redoute ses effets secondaires, notamment dans la fonction publique hospitalière. Je compte sur le ministre de l'Économie et des Finances, brillant universitaire, pour nuancer ces engagements de manière à atténuer leur brutalité pour la compétitivité des entreprises. Mais Dominique Strauss-Kahn se réfugie dans un silence assourdissant. Martine Aubry elle-même est très réservée, mais elle se garde bien de le faire savoir. Quant à la haute administration, elle n'y est pas favorable. Je n'ai jamais entendu un fonctionnaire des Finances me dire : il faut y aller à fond.

De même, de l'argent public est nécessaire soit pour consolider l'État-providence, comme durant la période de Covid-19, soit pour inciter nos concitoyens à modifier leurs comportements et habitudes, plus

Peut-on réformer sans argent ?

particulièrement s'agissant de notre consommation énergétique. Mais que de récriminations dès qu'il est question de toucher à un centime de dotation dans la culture ou dans l'audiovisuel public !

Réformer sans argent, c'est aussi décentraliser sans manifester de défiance à l'égard des collectivités locales, comme cela a toujours été le cas depuis quarante ans. L'État se plaît à se défausser de certaines missions, telle la gestion des mineurs non accompagnés étrangers, sur les départements, et cela sans compenser la charge financière qui résulte de ce transfert de compétences. Même mécanique avec la multiplication – bienvenue ! – des maisons de services au public (MSAP), dont la charge revient aux mairies, moyennant une compensation financière dérisoire de l'État. Les députés Véronique Louwagie et Robin Reda, qui ont rendu au printemps 2023 un rapport sur la simplification administrative et proposent des solutions pour réaliser 15 milliards d'économies dans l'administration, défendent une nouvelle approche : passer d'une « culture du contrôle » à une « culture de la confiance ». L'idée qualifiée de « primordiale » consiste à limiter les blocages administratifs et les contrôles réguliers qui freinent les acteurs de terrain. Les deux élus de la République proposent ainsi d'en finir avec le droit de regard systématique des préfets sur les projets d'urbanisme menés par les communes, « qui représentent 30 % de leurs décisions ». Reste à

Peut-on réformer sans argent ?

trouver la volonté politique forte qui permettrait de l'imposer...

La maîtrise des dépenses, je l'ai expérimentée, relève de ce point de vue du combat quotidien.

15.

Les réformes auxquelles j'ai participé

Il y a de tout dans les transformations, ratées ou réussies, éphémères ou pérennes, dans lesquelles j'ai joué un rôle. Toutefois, cet effort de mémoire me permet de revisiter le combat éternel entre les forces de résistance au changement et les énergies qui se mobilisent en faveur du progrès, ou du moins de ce qu'elles reconnaissent comme tel.

En 1985, François Mitterrand, sous l'impulsion du chef du gouvernement, Laurent Fabius, et du ministre du Budget, Henri Emmanuelli, décide de lever l'anonymat sur l'or – qui, ainsi protégé, n'était pas frappé par l'impôt sur les grandes fortunes. Jusque-là, les lingots d'or pouvaient s'échanger exactement comme du liquide. Cette mesure répond alors avant tout à une symbolique forte : on s'attaque ainsi aux possédants, aux rentiers qui préfèrent vivre cachés. Il ne s'agissait nullement d'un changement structurel, mais encore une fois d'un acte politique destiné au « peuple de gauche ». Certains, au ministère des Finances notamment, redoutaient que cette levée de l'anonymat provoque un tollé. Il n'en fut rien. Les intéressés étaient très minoritaires. Et protester, c'était en quelque sorte se dénoncer.

Les réformes auxquelles j'ai participé

Mais la politique consiste trop souvent à faire et à défaire. L'année suivante, la droite remporte les élections législatives. Jacques Chirac devient Premier ministre et rétablit l'anonymat sur l'or. Dans le même temps, le ministère des Finances supprime l'impôt sur les grandes fortunes (IGF). C'est le service de législation fiscale (SLF) auquel j'appartiens à cette époque qui seconde le ministre du Budget au Parlement. Je passe des nuits entières à l'Assemblée nationale. Les recettes sont discutées dans la première partie de la loi de finances. La suppression de l'IGF est donc versée aux débats. La gauche hurle, notamment le ministre que je servais quelques mois plus tôt, Henri Emmanuelli, redevenu député des Landes. Mais je n'ai aucun doute sur le résultat, d'abord parce que la droite dispose de la majorité absolue, ensuite parce que techniquement, les fiscalistes que nous étions, quelle que soit leur sensibilité, n'étaient pas en faveur de l'IGF, considéré comme un mauvais impôt, qui surtaxait le capital déjà frappé par les impôts fonciers, les taxes sur les dividendes et les successions. Personne n'avait donc envoyé de note à Alain Juppé, nouveau ministre en titre, pour recommander le maintien de cet impôt sur la fortune qui faisait fuir les riches sans pour autant remplir les caisses de l'État.

Si ce sujet était clivant, une autre loi passée dans les années 1980 a en revanche fait l'objet d'un très large consensus. En 1983, alors que la situation de l'emploi en France s'est beaucoup détériorée, la gauche

144

Les réformes auxquelles j'ai participé

cherche à favoriser la recherche et l'innovation dans l'entreprise. Ainsi naît le crédit d'impôt recherche, inscrit pour la première fois dans la loi de finances 1983. Il ne sera jamais remis en cause et c'est la seule niche fiscale que les techniciens de la législation fiscale ont approuvée. C'est aussi, sans doute, la réforme la plus importante à laquelle j'ai participé. Quarante ans plus tard, elle est toujours là, considérée comme efficace tant par les grands groupes que par les PME. À l'époque, on ne pensait pas du tout que ce serait un atout si durable pour la compétitivité française. Laurent Fabius, d'abord comme ministre du Budget puis comme Premier ministre, a su réunir un consensus transpartisan. Ce dont il a accouché n'a jamais été contesté, mais au contraire toujours élargi.

Quelques années plus tard, c'est dans un tout autre domaine que j'observe des forces antagonistes s'affronter. L'industrie nucléaire, si elle est déjà dénoncée à grands coups de catastrophisme par les écologistes, est très bien acceptée par les riverains, tant en Provence, dans le Val de Loire qu'à La Hague. Le nombre de réacteurs s'accroissait sans rencontrer de protestation véritable. La direction de l'Énergie (disparue depuis) et le Corps des mines travaillaient main dans la main. La CGT appuyait cette expansion, créatrice d'emplois correctement rémunérés. Et puis, alors que je suis directeur de cabinet du ministre de l'Industrie Roger Fauroux, s'accroît la nécessité de sécuriser la

Les réformes auxquelles j'ai participé

gestion des déchets radioactifs à vie longue. L'idée de construire un site d'enfouissement suscite une forte opposition. C'est finalement la loi Bataille – du nom de son rapporteur, le député socialiste Christian Bataille – qui clôt momentanément le débat en instaurant des compensations financières pour les communes et charge l'Andra (Agence nationale pour la gestion des déchets radioactifs) « de concevoir, d'implanter et de réaliser les nouveaux centres de stockage compte tenu des perspectives à long terme de production et de gestion des déchets et d'effectuer toutes études nécessaires à cette fin, notamment la réalisation et l'exploitation de laboratoires souterrains destinés à l'étude des formations géologiques profondes ». Trente-deux ans après, le site de Bure, dans la Meuse, finalement retenu, n'est toujours pas en service.

Après le ministère de l'Industrie, je pars à Bruxelles rejoindre Jacques Delors, président de la Commission européenne, comme chef adjoint puis chef de cabinet. Je suis notamment chargé de la gestion du budget pluriannuel, qui intègre toutes les politiques devant être financées au sein de l'Union. Je me souviens de cette nuit blanche, passée avec les représentants des différents pays, pour savoir quelle somme allait être allouée aux différents fonds, le premier d'entre eux étant celui de la politique agricole commune (PAC), suivi des fonds structurels qui

Les réformes auxquelles j'ai participé

financent le développement des nouveaux entrants. Pendant toute une nuit donc, je plaide pour le statu quo afin de défendre la PAC et conserver les acquis français. Je suis clairement, à cette occasion, dans le camp du conservatisme, essayant à tout prix d'éviter qu'une réforme européenne n'amoindrisse la portée de la PAC.

C'est aux côtés de Lionel Jospin, à la fin des années 1990, que je supervise de nombreuses opérations de privatisation. Le Premier ministre n'est pas très enthousiaste à cette perspective mais Bercy insistait sur la nécessaire bonne tenue des finances publiques. La prochaine entrée dans l'euro obligeait à tenir le déficit budgétaire en deçà de 3 % du PIB. Or, pour amortir les effets de la récession, les gouvernements Bérégovoy puis Balladur avaient laissé filer le déficit qui dépassait les 6 % du PIB en 1993 et en représentait encore plus de 5 % en 1995. Il nous fallait repasser sous la barre des 3 % dès 1998. Grâce à l'accélération de la croissance à partir de 1997, à la baisse des taux d'intérêt réels mais aussi des changements de périmètre de l'État, le pari a pu être tenu : le déficit est repassé nettement au-dessous de 3 % du PIB en 1998 puis à 1,3 % en 2000. La première opération d'ouverture du capital, en 1997, concerne France Telecom. Issu de l'ancienne direction générale des Télécommunications (DGT), cet établissement public a vu le jour quelques années plus tôt, en

147

Les réformes auxquelles j'ai participé

1990. Alors que le secteur de la téléphonie connaît un essor spectaculaire, l'entreprise France Telecom a besoin d'argent frais pour éviter de rater le train des nouvelles technologies et du digital. Le précédent Premier ministre, Alain Juppé, avait prévu à peu près le même agenda, preuve que les réformes nécessaires ne sont souvent ni de droite ni de gauche...

Après France Telecom viendra notamment Renault, emblème de la France s'il en est. Contrairement aux craintes de certains, le peuple de gauche ne s'est pas montré meurtri par ces opérations car elles concernaient des prises de participation minoritaires de la part des actionnaires privés.

C'est aussi depuis Matignon que je suis de près la bataille qui oppose la BNP à la Société générale pour le contrôle d'une troisième banque, Paribas. L'affrontement dure presque deux ans, et notre objectif est de voir émerger un champion français de dimension internationale, avec une taille critique plus importante.

Cela change de mon arrivée à la direction du Trésor, au début de l'année 2000. La France est alors sous le choc de la tempête qui, à la fin de décembre 1999, a causé de nombreux dégâts et provoqué la mort de près de cent personnes. Je découvre alors que les compagnies d'assurances risquaient de se trouver en grande difficulté parce qu'elles n'avaient pas

Les réformes auxquelles j'ai participé

les moyens de se réassurer. Bercy a aidé, y compris financièrement, ces entreprises à réduire leur part de risque afin que puissent éclore des majors du secteur. C'est toujours comme directeur du Trésor que j'ouvre le dossier de la liaison ferroviaire rapide et directe entre Roissy-Charles-de-Gaulle et le centre de Paris. Je viens d'être nommé quand je reçois la visite d'Antoine Veil, qui se passionne depuis plusieurs années déjà pour ce projet : « Un des grands handicaps de Paris par rapport aux autres grandes capitales, c'est cette absence de liaison, m'explique-t-il. Un tunnel, une voie rapide et le tour est joué. » Je défends le projet auprès du ministre de l'Économie et des Finances, Laurent Fabius, auprès de son cabinet et auprès de l'administration du Trésor. Je suis mis en minorité par toute la technostructure de Bercy avec des arguments très sophistiqués qui finalement se résument assez simplement : pas question, cela nous coûterait trop cher, nous n'avons pas les moyens. Pour enrober leur opposition, certains soulignent qu'Antoine Veil peut avoir des conflits d'intérêts sur ce dossier car il a été président d'Air Inter. La droite revient au pouvoir en 2002, avec la réélection de Jacques Chirac, et je reviens à la charge auprès du nouveau ministre, Francis Mer. Les membres les plus éminents de son cabinet m'expliquent à nouveau que c'est beaucoup trop cher. Qu'il vaut mieux se concentrer sur les TGV que de financer cette nouvelle aventure. Vingt ans plus tard, cette liaison ferroviaire rapide,

Les réformes auxquelles j'ai participé

baptisée CDG Express, n'est toujours pas en service. Elle ne le sera pas, contrairement aux prévisions, pour les Jeux olympiques de 2024. Son inauguration est envisagée, dans le meilleur des cas, en 2027.

Fin 2008, après mon passage dans le gouvernement Fillon pour contribuer à assurer la présidence française de l'Union européenne, je prends la présidence de l'Autorité des marchés financiers (AMF). Aux États-Unis, l'affaire Madoff vient d'exploser, mais ce n'est pas cette seule actualité qui m'incite à lancer une vaste réforme de cette institution régulatrice. C'est la nécessité de mieux informer les épargnants. J'entreprends donc de renforcer les pouvoirs de la commission des sanctions, d'accroître et d'élargir la transparence des informations fournies par les entreprises cotées à l'égard des actionnaires. Je suis aidé en cela par le collège de l'AMF. Nous rencontrons quelques résistances de la part d'entreprises cotées sur la publication des rémunérations de leurs dirigeants. Mais nous tenons bon et leur lançons un ultimatum : si nous n'avons pas toutes les informations avant la fin de l'année, nous ne vous autoriserons pas à certifier et à publier vos comptes annuels.

Le plus problématique à mettre en place en France est alors la publicité sur la responsabilité sociale et environnementale (RSE) car les entreprises cotées plaident le secret des affaires et ne veulent pas paraître en retard par rapport à la concurrence. Elles

Les réformes auxquelles j'ai participé

redoutent la comparaison et refusent que la RSE soit prise comme critère de cotation et de valorisation. Nous décidons, dans un premier temps, de ne pas appliquer de sanctions. Mais l'AMF précise que les éléments n'ont pas été fournis. Cette réforme concerne aussi les offres publiques d'achat (OPA). Auparavant, la déclaration était obligatoire quand la part du capital détenu dépassait 30 %. Elle l'est devenue à partir de 5 %, avec des déclarations de franchissement de seuil tous les 5 %. C'est un des cas où je me suis vraiment opposé à une pression politique. Le président Sarkozy lui-même n'était pas favorable à cette réglementation. J'ai pu à cette occasion vérifier que l'indépendance de l'AMF n'était pas un vain mot. Il y a des secteurs, dans tous les pays, pour lesquels des régulateurs indépendants s'imposent en matière financière. La France n'a pas pris de retard dans ce domaine, et j'en suis très fier.

Je dirige ensuite l'inspection des Finances et dois favoriser le rapprochement entre deux directions générales de Bercy, celle des Impôts et celle de la Comptabilité publique pour donner naissance à la DGFiP. Ce travail de transformation a commencé quand Christian Sautter était ministre de l'Économie et des Finances. J'étais alors au cabinet de Lionel Jospin à Matignon. Cette entreprise a pris de longues années mais elle a bien fonctionné. On est parvenu à véritablement marier deux féodalités, celle qui règne sur les impôts et celle qui supervise leur recouvrement. Sur le terrain,

Les réformes auxquelles j'ai participé

cela supposait de mettre fin aux doublons entre direc-teur départemental ou régional des impôts et TPG (trésorier-payeur général). Il faut bien reconnaître qu'aujourd'hui encore, ces deux fonctions coexistent toujours. Celle de trésorier-payeur général offre une rémunération financière des plus attrayantes. L'avan-tage, pour les hauts fonctionnaires issus de la direction des Impôts, est qu'ils peuvent désormais devenir TPG. C'est donc une bonne réforme, mais qui a conservé un représentant financier digne de l'Ancien Régime. Il faut parfois se résoudre à des accommodements...

À la tête de la Caisse des dépôts, j'ai mis en place la Banque publique d'investissement (Bpifrance), des-tinée à soutenir les entreprises à différents stades de leur développement. En moins de dix ans, grâce au savoir-faire de son directeur général Nicolas Dufourcq, cette institution s'est beaucoup déployée et a obtenu une reconnaissance unanime, comme le souligne un rapport de la Cour des comptes publié en juin 2023 : « Plus de dix ans après sa création, Bpifrance bénéficie d'une excellente notoriété auprès des entreprises, qui apprécient la simplification du paysage institutionnel opérée par ce guichet unique. L'action de la banque publique est bien identifiée par les entreprises, qui la jugent utile[1]. »

---

1. Cour des comptes, *Rapport portant sur une entreprise publique : Bpifrance*, 12 juin 2023.

Les réformes auxquelles j'ai participé

Je pourrais aussi évoquer la loi Macron sur les professions libérales et la libéralisation de l'économie, la loi Touraine sur l'allongement des durées de cotisation retraite, la loi El Khomri sur la modernisation du droit du travail. Mais ce sont là des sujets largement connus tant des autorités que des Français.

16.

L'interministériel ne répond plus

L'art de la décision, chez nous, est, de fait, un exercice byzantin. Toute tentative de simplifier le processus, je peux aussi en témoigner, semble volontiers vouée à l'échec. Pourtant l'accumulation, parfois jusqu'à l'absurde, de lois mal conçues la rend plus nécessaire que jamais ! Mon expérience me l'a ainsi démontré : pour réformer l'État, il est nécessaire – et pas toujours suffisant, hélas ! – de prendre les décisions au plus haut niveau, à l'Élysée ou à Matignon. Puis de surveiller attentivement leur mise en application. Sinon, rien ne se fait. Chaque ministère, puis chaque direction, chaque sous-direction, interprète la nouvelle norme – directive, circulaire... – à son avantage.

C'est dans cette épure que le comité interministériel, merveilleuse invention de la technocratie française, trouve en théorie toute sa justification. Cette instance voit le jour dans les années 1970, pour assurer un suivi serré des décisions prises par un groupe de ministres et de hauts fonctionnaires concernés par un sujet spécifique, sous l'autorité du Premier ministre. Le premier à voir le jour, en 1972, s'intéresse

L'interministériel ne répond plus

à la sécurité routière. Depuis, ils se sont multipliés : contrôle de l'immigration (2005), prévention de la délinquance (2006), Europe, politique de la ville, voies navigables, Corse, redéploiement industriel, prévention des risques industriels, professions libérales, lutte contre le sida, mer, contrats de plan, « autoroutes » de l'information, problèmes des lycéens, aide au tourisme, intégration, éducation nationale, lutte contre le racisme et l'antisémitisme, intégration, action sociale, réseaux internationaux de l'État, lutte contre l'exclusion, outre-mer, ruralités, biodiversité, coopération internationale et développement, handicap, laïcité, enfance... Impossible de les citer tous !

Le concept est séduisant : réunir ministres et hauts fonctionnaires de divers horizons pour agir de façon transversale. Mais au bout du compte, chacun fait ce qui lui plaît... Il faut une constance, une autorité et une attention permanente du chef du gouvernement pour que les décisions ne se perdent pas dans les limbes administratifs.

À Bercy, le ministère que je connais le mieux pour y avoir fait mes débuts, dirigé le Trésor puis l'inspection des Finances, nombre de hauts fonctionnaires ne supportent qu'à grand-peine la seule perspective de devoir coopérer durablement avec des ministères bien moins prestigieux – à leurs yeux – que celui de l'Économie et des Finances. Le ministre qui a théoriquement la haute main sur eux perd vite en général le contrôle de la situation. Il revient d'un comité

L'interministériel ne répond plus

interministériel et donne ses directives, traduites par les membres de son cabinet, eux-mêmes issus le plus souvent du moule de Bercy.

Imaginons qu'il soit question de « déconcentrer » 1 000 agents hors de l'administration centrale pour les envoyer dans les « territoires », déconcentration à répartir dans les différents services. Chaque directeur reçoit une note à peu près rédigée ainsi : « Faites au mieux pour renforcer notre présence au niveau local. » Imaginons que je sois directeur du Trésor, ce qui fut le cas entre 2000 et 2004. En recevant une telle directive, je ris. Un peu jaune peut-être, mais je ris. Qui est ce ministre qui ne connaît rien des réalités administratives ? La direction du Trésor compte environ 600 personnes, dont la plupart ont un niveau de cadre supérieur ou de dirigeant. Et on voudrait en expédier une centaine à Châteauroux ou à Vesoul ? C'est une blague ! Si ces charmantes bourgades ont besoin de renforts, il suffit de recruter. Mais pas question de condamner une partie de mes troupes à ce qui ressemble pour elles aux mines de sel en pire ! Un haut fonctionnaire de Bercy est prêt à faire ses bagages pour l'étranger. L'expatriation est prestigieuse, les primes qui en résultent sont attractives, le détachement dans des institutions internationales permet d'échapper en toute légalité à l'impôt, le retour à Paris permet d'avoir de l'avancement. Ainsi, quand j'étais directeur du Trésor, ai-je envoyé un jeune énarque au FMI à Washington. Alexis Kohler,

L'interministériel ne répond plus

puisqu'il s'agit de lui, n'a pas pâti de cet éloignement. À son retour des États-Unis, il est devenu numéro deux de l'Agence des participations de l'État (APE). On connaît la suite... Aurait-il eu le même destin s'il avait rejoint une trésorerie de Chartres ? Ce n'est pas sûr. Et quoi qu'il en soit, pas un haut fonctionnaire de la direction du Trésor, encore aujourd'hui, penserait que oui. Aucun non plus n'accepterait d'être victime d'une telle « maltraitance ».

Pour ma part, je n'ai pas envoyé un seul de mes collaborateurs en province durant les quatre années où je suis resté en poste. Non pas que je trouvais l'idée absurde. Il y aurait un sens à renforcer les compétences d'une grande paierie par exemple. Mais le service de l'intérêt général a tout de même ses limites. Voici donc ce que j'aurais répondu au ministre : « Il est impossible de dégarnir mes services au niveau de l'administration centrale. En effet, certains postes à l'étranger sont vacants et doivent être pourvus en priorité, il en va de l'attractivité commerciale et financière de la France. » Personne n'aurait été dupe mais personne n'aurait été fâché. Et la décision du comité interministériel serait restée lettre morte. Tout le monde serait passé à autre chose, à la nouvelle priorité du moment, qu'il s'agisse de la ruralité ou du handicap, sujets qui auraient été traités de la même façon par les directions concernées, à moins qu'elles n'y aient vu un avantage en termes de pouvoirs ou de prérogatives.

L'interministériel ne répond plus

Mais, qu'on se rassure, personne ne m'a jamais rien demandé de tel. Peu de ministres des Finances, d'ailleurs, auraient pu se le permettre. Il faut pour cela disposer d'une légitimité et d'un poids politique considérables. Laurent Fabius, Nicolas Sarkozy ou Bruno Le Maire sont sûrement les seuls qui auraient pu faire preuve d'une telle audace. Oui, d'audace ! Mais reconnaissons que d'autres directives de Bercy ont su conduire une déconcentration efficace de leurs services. Tel est le cas aujourd'hui de la direction générale des Finances publiques, que ce soit pour les centres des impôts ou les trésoreries départementales ou régionales.

On ne répétera jamais assez combien seuls des ministres forts permettent un bon fonctionnement de la coordination gouvernementale. Sinon, les comités interministériels se limitent à produire des effets d'annonce, avant de se succéder au gré de l'actualité. L'exécutif se contente alors de communiquer et ne parvient pas à maintenir une action de long terme. Étrangement, l'administration communique mieux avec des consultants venus du secteur privé que de façon interne, de ministère à ministère. Les cabinets de conseil sont certes rarement les bienvenus auprès des fonctionnaires, mais tout le monde sait qu'ils ne font que passer. La coopération entre ministères, voire entre directions d'un même ministère, est une tout autre aventure, que les intéressés considèrent comme potentiellement dangereuse pour leur carrière, leur

L'interministériel ne répond plus

statut et leur rémunération. Ils redoutent d'y perdre une part de leurs pouvoirs, prérogatives et prestige... Il est toutefois un comité interministériel qui mérite une mention particulière. Celui de la « transformation publique » (CITP), créé à l'automne 2017 selon les vœux d'Emmanuel Macron. Il s'est réuni sept fois depuis. La dernière réunion en date, à l'heure où j'écris ces lignes, s'est tenue le 9 mai 2023 sous l'autorité de la Première ministre Élisabeth Borne. Celle-ci a notamment annoncé à cette occasion l'élargissement du baromètre de l'action publique, destiné à rendre compte auprès des Français de l'avancement des chantiers prioritaires. Un noble objectif, mais qui ne permet nullement aux citoyens d'être vraiment éclairés. Si tant est qu'ils aient été informés de l'existence de ce baromètre. Cet instrument demeure très vague sur la nature des réformes.

Il indique simplement quelques chiffres ou statistiques dans quatre domaines : le plein emploi et la réindustrialisation du pays (nombre de nouveaux contrats d'apprentissage en un an : 835 082, délai moyen de l'instruction d'autorisation d'exploiter une nouvelle activité industrielle : 17 mois, nombre de nouveaux sites industriels et d'extensions significatives : 245) ; planifier et accélérer la transition écologique (kilométrage total d'aménagements cyclables sécurisés : 57 308, part des voitures électriques dans les ventes de voitures neuves : 12,80 %, nombre total d'aides en bonus, primes à la conversion, prêts à taux

L'interministériel ne répond plus

zéro et aides au leasing attribués depuis la mi-2022 pour des voitures : 236 724 au 19 mars 2023, nombre de points de charge rapide ouverts au public : 84 887 au 1er février 2023, nombre de dossiers MaPrimRénov' validés : 1,7 million au 31 mars 2023, taux de recyclage des bouteilles en plastique : 61 % au 31 décembre 2021, quantité de déchets non inertes non dangereux pris en charge par les REP en vue de leur valorisation – réemploi, recyclage, etc. : 7 466 millions de tonnes au 31 décembre 2022).

Ce baromètre est doublement source d'incompréhension.

D'abord, je mets au défi chacun de mes lecteurs de savoir spontanément, sans chercher sur Internet, ce que sont les « REP » et suis assez certain que ceux à qui cette abréviation parlera ne sont pas majoritaires[1]. À ce stade, une certaine honnêteté intellectuelle m'oblige à préciser que la simplification de cet acronyme ne m'est pas apparue immédiatement ! D'autre part et surtout, aucun de ces indicateurs, à l'exception du délai moyen de l'instruction d'autorisation d'exploiter une nouvelle activité industrielle, n'a quoi que ce soit à voir avec la réforme de l'État, ni même avec la transformation publique. Ils rendent compte des incidences des politiques menées dans certains domaines,

---

1. REP : responsabilité élargie des producteurs. Celui qui fabrique, distribue ou importe un produit doit prendre en charge sa fin de vie.

L'interministériel ne répond plus

tels que l'emploi, la réindustrialisation ou l'incitation à employer des moyens de transport propres. Même le troisième chantier prioritaire énoncé dans ce baromètre, « Bâtir de nouveaux progrès et refonder nos services publics », n'évoque que très allusivement la réforme de l'État alors qu'il semble voué tout entier à cet objectif. Il vante le nombre de classes de grande section, de CP et de CE1 qui comptent moins de 24 élèves, la part des entreprises assujetties ayant publié leur index égalité profession-nelle, le nombre d'ordonnances de protection contre les violences conjugales et intrafamiliales...

À l'issue de ce septième comité interministériel pour la transformation publique, le 9 mai 2023, la Première ministre Élisabeth Borne prend la parole : « Face à des démarches administratives trop lourdes, et des services publics perçus comme trop lointains, des difficultés et des inquiétudes persistent. J'ai donc demandé des réponses fortes, concrètes, pour des services publics plus proches et plus efficaces [...]. Notre première ambition, c'est de placer les Français au cœur de l'action publique... » Mais de quelle action publique, de quelles réformes, de quelles transforma-tions ? Avec quelles méthodes ? Quels moyens ? C'est toute la question.

17.

Pourquoi donner aux Français ce dont ils ne veulent pas ?

Voilà une problématique qui peut sembler cynique, mais elle s'impose forcément, un jour ou l'autre, aux présidents et aux Premiers ministres : pourquoi donner aux Français ce dont ils ne veulent pas ? Or, la plupart du temps, ils refusent la réforme. « La France n'est pas un pays réformable. Beaucoup ont essayé et n'y ont pas réussi, car les Français détestent les réformes. Dès qu'on peut éviter les réformes, on le fait », assurait Emmanuel Macron, un brin provocateur, devant la communauté française lors d'un déplacement en Roumanie, en août 2017. Puis, un an plus tard presque jour pour jour, depuis Copenhague, le président se livrait à une comparaison avec les Scandinaves, comparaison pas très avantageuse pour notre cher vieux pays : « Ce qui est ici possible est lié à une culture, un peuple marqué par son histoire, et ce peuple luthérien qui a vécu les transformations des dernières décennies n'est pas exactement le Gaulois réfractaire au changement... » Il lui sera reproché d'avoir critiqué ses compatriotes depuis l'étranger mais, sur le fond, comment lui donner tort ?

Pourquoi donner aux Français...

Édouard Balladur en fait l'expérience en 1993 quand il veut revoir le système des retraites afin d'en restaurer l'équilibre. L'équation est – déjà – celle que nous connaissons aujourd'hui : l'espérance de vie a augmenté, et le rapport entre le nombre de retraités et le nombre d'actifs ne cesse de diminuer, ce qui rend insoutenable le régime par répartition. Il est donc décidé d'allonger la durée de cotisation de 150 à 160 trimestres, de calculer le montant des pensions sur les vingt-cinq meilleures années travaillées – et non plus les dix meilleures –, de ne plus indexer les pensions sur l'indice Insee des salaires, mais sur celui des prix à la consommation, qui progresse moins vite. Le Premier ministre de l'époque prend toutefois des précautions multiples pour éviter grèves et manifestations. Il étale la durée de mise en œuvre de la réforme sur dix à quinze ans. Et, surtout, il épargne la fonction publique, plus susceptible de créer des désordres dans le pays que les salariés du secteur privé, en général plus dociles. Il n'est toutefois pas qualifié pour le second tour de l'élection présidentielle, en 1995, un échec que l'on peut en partie au moins attribuer à l'impopularité de cette réforme des retraites, pourtant bien timide et très sélective.

Si timide et si sélective qu'il faut recommencer deux ans plus tard. Alain Juppé est Premier ministre et annonce au mois de novembre un plan pour les retraites et la Sécurité sociale. Il entend aligner la

Pourquoi donner aux Français...

durée de cotisation des fonctionnaires sur celle des salariés du secteur privé, et évoque pour la première fois la suppression des régimes spéciaux en vigueur dans les entreprises publiques. On connaît la suite... les grèves et la débandade.

Mais l'exemple le plus spectaculaire est peut-être celui du « contrat première embauche » (CPE) que Dominique de Villepin, chef du gouvernement à la fin du second mandat de Jacques Chirac, veut mettre en œuvre. Il s'agit, pour lutter contre le chômage des jeunes, de permettre aux entreprises de proposer aux moins de 26 ans un contrat à durée indéterminée assorti d'une « période de consolidation » de deux ans durant laquelle ils peuvent être licenciés à tout moment, sans motif, sans que l'employeur ait à s'en justifier.

La gauche manifeste une opposition tonitruante mais le texte est adopté grâce à l'article 49-3 le 9 mars 2006. Aussitôt la contestation se fait entendre dans la rue. Étudiants et lycéens se mettent en grève et manifestent, bientôt rejoints par les syndicats. Le samedi 18 mars a lieu une journée nationale durant laquelle défilent entre 500 000 et 1,5 million de personnes, journée émaillée par de nombreux heurts avec la police en fin de cortège. Le 28 mars, une journée de grève interprofessionnelle très suivie fragilise l'exécutif. L'opinion publique a basculé du côté des manifestants tandis que le Medef, qui n'a jamais été demandeur d'une telle disposition, réclame une sortie

Pourquoi donner aux Français...

de crise rapide. Trois jours plus tard, le 31 mars, le président Chirac promulgue la loi, mais annonce dans la foulée qu'il suspend immédiatement son application et demande qu'un nouveau texte en modifie les points contestés. Cela ne suffit pas à l'opposition qui demande son abrogation pure et simple. Le CPE est officiellement abandonné le 10 avril 2006.

Parmi ces projets de réformes, aboutis ou contrariés, certains étaient sûrement meilleurs que d'autres. Certains avaient fait l'objet de concertations plus abouties que d'autres. Mais cela ne doit pas occulter l'essentiel...

Les Français ont bien sûr leur part de responsabilité dans l'absence de réformes. Ils ont toujours préféré le culte de l'homme providentiel et son verbe plutôt que l'action qui modifierait leur quotidien, fût-ce en mieux. Ils n'ont jamais aimé ou élu les vrais réformistes (Tardieu, Mendès France, Pinay, Mauroy, Rocard...). Au XIXᵉ siècle, les saint-simoniens et Napoléon III n'ont pas connu une immense popularité et après eux la IIIᵉ République n'a pas consolidé le réformisme économique, à l'exception notable de Poincaré. La matrice de nos divisions est donc figée depuis 1870. Notre culture politique est fondée sur la dépense, l'endettement, le déficit, l'argent facile grâce à des taux d'intérêt peu élevés.

Réformer pour restaurer un budget à l'équilibre, pour assurer la solidité de la monnaie, pour affirmer la compétitivité économique est considéré d'un mauvais œil car assimilé à une politique de rigueur.

Pourquoi donner aux Français...

Et maintenant, au nom de l'écologie, on oppose performance et survivance économique à la protection sacrée de l'environnement. C'est le cas, par exemple, en agriculture... Un nouvel ordre mondial se dresse contre l'entreprise et le capitalisme comme hier le marxisme. Détruire le monde actuel pour une utopie toutes sensibilités confondues, entièrement tournée vers le service de la nature suscite aujourd'hui beaucoup d'enthousiasme. Parce qu'il s'agit de faire la révolution, et non de réformer !

Les Français, il faut bien l'avouer, détestent en vérité toutes les réformes, quelle que soit l'époque, quelles que soient les contraintes extérieures ! Pour simplifier, ils n'aiment pas :

– celles qui libéralisent l'économie et les finances, renforcent les banques, facilitent les versements de dividendes, réduisent l'imposition du capital, permettent la libre rémunération des dirigeants de sociétés, sans parler, *horresco referens,* de celles qui privatisent les services publics ;

– celles qui réduisent leurs droits sociaux, qui s'en prennent à leur liberté de circuler sur le territoire, comme l'initiative d'Édouard Philippe de leur imposer, quand il était Premier ministre, de rouler à 80 kilomètres-heure sur les routes nationales et départementales ;

– celles qui favorisent la concurrence par rapport à la protection des produits nationaux et de l'emploi ;

Pourquoi donner aux Français...

– celles qui intensifient leur sentiment d'insécurité : libéralisation des contrôles aux frontières, extension de l'immigration due au regroupement familial... ;
– celles qui limitent la souveraineté et l'indépendance de la France ;
– celles qui modifient leur mode de vie, telle la rationalisation des services hospitaliers, qui entraînent des fermetures d'établissements, ou encore les multiples changements qui ont un impact sur l'éducation de leurs enfants (nouveau baccalauréat, instauration de Parcoursup, transformation du fonctionnement du lycée...).
La liste pourrait s'allonger à l'envi...

Elle illustre une aversion telle que de nombreux dirigeants politiques en France sont intimement convaincus que seules les révoltes, voire les révolutions, peuvent accoucher de transformations notables dans notre pays. Mai 68 a profondément contribué à forger cette opinion. Les accords de Grenelle, négociés les 25 et 26 mai 1968, ont consacré les plus grandes avancées sociales depuis le Front populaire, lui-même issu des journées d'émeutes qui ont secoué la France en février 1934. La réforme de l'Université modifie en profondeur l'enseignement supérieur : autonomie des établissements, participation des étudiants aux instances de direction, pluridisciplinarité après des décennies, sinon des siècles, de cloisonnement...
Cette vision relative à notre tradition de révolte et à notre manque d'appétit réformiste est à la fois

Pourquoi donner aux Français...

défaitiste et réductrice. Nicolas Sarkozy a durant son quinquennat réformé (les retraites par exemple) sans provoquer d'émeutes quotidiennes ! De même que François Hollande après la défaite de la gauche aux élections municipales de 2014. Emmanuel Macron a davantage consulté les Français après la crise des Gilets jaunes.

En vérité, présidents et Premiers ministres hésitent à réformer parce qu'ils savent le pays très idéologique. La réforme des retraites réalisée début 2023 l'a montré une fois de plus : l'âge de départ est considéré comme un scalp à la fois par la droite et par la gauche, attitude qui provoque la stupeur de tous les autres pays européens, sans parler de l'Amérique du Nord. Il en résulte une politique proclamatoire et imbibée d'intentions, qui se désintéresse de la mise en œuvre et de l'application concrète, pourtant essentielles.

C'est pourquoi la réforme de l'État, en dépit des apparences, n'intéresse finalement personne : ni les dirigeants du pays ni l'opinion publique, qui ne veut pas en entendre parler.

Il faut bien le dire, cela ne facilite pas les choses.

18.

Le millefeuille territorial, un empilement étouffant

Les obstacles au changement sont donc nombreux. L'un d'eux prend de l'ampleur depuis une quinzaine d'années, il s'agit paradoxalement de ce qu'on appelle la décentralisation. Conduite sans schéma directeur depuis 1982, cette réforme, de bon sens à l'origine, a abouti à une superposition de structures et à un maquis inextricable de compétences. Cet empilement provoque une déresponsabilisation des acteurs et un repli des citoyens sur leur pré carré, comme le montre l'excellent livre d'Yves Perrier et François Ewald, *Quelle économie politique pour la France ?*[1]. Ainsi, et c'est un fait nouveau, même les élus locaux n'inspirent plus confiance. Ils suscitent même une hostilité croissante, et sont victimes d'agressions de plus en plus fréquentes, comme, au printemps 2023, celle du maire de Saint-Brévin-les-Pins, cible de nombreuses menaces jusqu'à l'incendie de ses voitures, qui ont conduit à sa démission fracassante, parce qu'il s'est heurté au manque « flagrant » de soutien de l'État.

---

1. Yves Perrier, François Ewald, *Quelle économie politique pour la France*, Éditions de l'Observatoire, mai 2023.

Le millefeuille territorial...

Durant les émeutes de fin juin 2023 qui ont suivi le meurtre d'un adolescent, Nahel M., par un policier, de nombreux édiles se sont retrouvés en première ligne, qui défendant son hôtel de ville contre les foules incendiaires, qui voyant des menaces taguées sur les murs de sa ville, qui se faisant attaquer comme la maire de Pontoise Stéphanie von Euw, reconnue dans sa voiture assaillie aux cris de « C'est la maire, on va se la faire[1] ». On pense aussi bien sûr au courageux maire de L'Hay-les-Roses, Vincent Jeanbrun.

Or, jamais l'État ne s'est attelé à clarifier les responsabilités entre les différentes politiques nationales, régionales et locales pour conférer une unité politique à chaque niveau sans intervention excessive de l'État. Pas plus qu'il ne s'est efforcé de revoir les répartitions de compétences entre les différents ministères, les agences gouvernementales, les autorités diverses et variées, les collectivités locales et territoriales. Avant même ces événements dramatiques, 1 300 maires avaient démissionné en 2022, soit 40 par mois !

Une superposition de structures et un « melting-pot » de compétences, donc. La France compte 15 régions, plus de 100 départements et encore 35 000 communes, qu'elles soient déléguées ou de plein exercice. À cela s'ajoutent plus d'un millier de métropoles et d'inter-

---

1. Thibault Chaffotte, « "Ils m'ont reconnue" : la maire de Pontoise attaquée par des émeutiers », *Le Parisien*, 1er juillet 2023.

Le millefeuille territorial...

communalités. L'État et ses normes infusent dans toutes ces collectivités, quelles que soient les compétences qui leur sont dévolues. Dans ces conditions, il est très difficile au citoyen de savoir à qui s'adresser pour assurer ses obligations administratives, préserver son activité professionnelle, acheter, louer ou agrandir un logement, faire valoir ses droits sociaux, remplir ses obligations d'identité, trouver un emploi, investir ou satisfaire aux nouvelles obligations écologiques. Maintenant que j'affronte seul la machine administrative, j'y reviens, je mesure l'astuce et la ténacité dont doivent faire preuve chez nous les usagers des services publics ! De surcroît, ce millefeuille ne facilite pas pour autant les inscriptions dans les écoles. Il ne donne pas plus de clarté pour savoir où vous faire soigner au plus près de chez vous... Car nous avons beau surajouter des collectivités aux collectivités, les déserts médicaux, administratifs ou éducatifs ne cessent pourtant de s'étendre. Ah, le mal français !

Quant aux élus des plus petites communes, ils ne peuvent savoir, en toute bonne foi, jusqu'où vont leurs compétences alors que les nouvelles normes liées à l'écologie ou à la sécurité ne cessent de se multiplier sur les surfaces et les populations qu'ils ont la charge de gérer. Dans son rapport annuel publié en mars 2023, la Cour des comptes porte d'ailleurs un jugement sévère sur les derniers actes de décentralisation : « L'élan initial [...] s'est essoufflé, le paysage institutionnel s'est brouillé, les compétences sont de

Le millefeuille territorial...

plus en plus imbriquées et exercées par plusieurs niveaux de collectivités », déclare le premier président de l'institution, Pierre Moscovici[1]. Les réformes n'ont pas manqué depuis l'« acte I » de la décentralisation mené entre 1982 et 1986, avec l'adoption de 25 lois et de plus de 200 décrets ! En 1999, la loi dite « Chevènement » lance le processus de développement de l'intercommunalité. Entre 2003 et 2004 se tient l'« acte II » de la décentralisation, essentiellement symbolique : le principe selon lequel « l'organisation territoriale de la République est décentralisée » est inscrit dans la Constitution. La loi du 13 août 2004 relative aux libertés et responsabilités locales attribue de nouvelles compétences aux collectivités dans les domaines du développement économique, du tourisme, de la formation professionnelle, du logement social, de l'enseignement, du patrimoine ou de la gestion de certaines infrastructures comme les routes, les aérodromes, les ports. Elle opère également le transfert de certains agents de l'État vers les collectivités tels que les personnels administratifs, techniciens, ouvriers, de service et de santé (ATOSS) employés dans les collèges et les lycées. Mais elle ne va pas au bout de sa logique de simplification.

En décembre 2010, la loi RCT (réforme des collectivités territoriales) tente de tirer les conséquences des

---

1. Cour des comptes, *La Décentralisation 40 ans après : un élan à retrouver*, rapport annuel 2023, mars 2023.

Le millefeuille territorial...

conclusions livrées par le comité présidé par Édouard Balladur sur la réforme des collectivités locales : trop de niveaux d'administration territoriale, un enchevêtrement des compétences, des dépenses publiques locales non maîtrisées... Elle prévoit de rendre obligatoire pour les communes l'adhésion à un établissement public de coopération intercommunale, incite au regroupement au sein de communes nouvelles, crée juridiquement les métropoles et prévoit l'élection d'un conseiller territorial qui siégerait à la fois à l'échelon départemental et à l'échelon régional. Mais cette dernière disposition, notamment, ne sera jamais appliquée. Le changement de majorité et les censures du Conseil constitutionnel réduisent fortement la portée de ce texte.

En janvier 2014, la loi MAPTAM (modernisation de l'action publique territoriale et d'affirmation des métropoles) entend clarifier les conditions d'exercice de certaines compétences des collectivités territoriales en instaurant des chefs de file : la région pour le développement économique, les aides aux entreprises et les transports – le Sénat y a ajouté la biodiversité et la transition énergétique – ; le département pour l'action sociale, l'aménagement numérique et la solidarité territoriale ; les communes pour la mobilité durable et la qualité de l'air.

Le projet de loi déposé par le gouvernement devant le Parlement attribuait également le tourisme au département, mais des amendements votés au Sénat

Le millefeuille territorial...

ont fait en sorte qu'il demeure une compétence partagée entre les communes, les départements et les régions. Ce texte institue aussi une conférence territoriale de l'action publique qui établit un pacte de gouvernance territoriale à l'échelon régional. Cette conférence, présidée par le président du conseil régional, rassemble les représentants de l'ensemble des exécutifs locaux et un représentant de l'État. La loi crée enfin un nouveau statut pour les métropoles qui permet aux agglomérations de plus de 400 000 habitants d'exercer pleinement leur rôle en matière de développement économique, d'innovation, de transition énergétique et de politique de la ville. Les métropoles de Paris, Lyon et Marseille sont en outre dotées d'un statut particulier.

Autant dire que ces différentes initiatives, pour louables qu'elles soient, ne réduisent nullement la hauteur et le nombre de couches du millefeuille territorial !

Puis la loi du 16 janvier 2015, instituée lorsque je travaillais à l'Élysée auprès de François Hollande, réduit le nombre de régions en métropole de 22 à 13, par la fusion de 16 anciennes régions entre elles. Six autres (l'Île-de-France, la Bretagne, les Pays de la Loire, le Centre-Val de Loire, Provence-Alpes-Côte d'Azur et la Corse) échappent au regroupement et conservent leur identité propre. Ce texte avait pour triple objectif de réduire l'empilement territorial, de diminuer les coûts grâce à des économies d'échelle,

Le millefeuille territorial...

mais aussi de créer des entités « de taille européenne » capables de tirer leur épingle du jeu dans la compétition économique mondiale à l'image des *Länder* allemands, des communautés autonomes espagnoles ou des régions italiennes.

L'objectif de diminution des coûts n'a cependant pas été satisfait. Selon la Cour des comptes, les dépenses de fonctionnement des régions françaises n'ont pas diminué, mais au contraire augmenté de près de 2 milliards d'euros entre 2015 et 2018! Et celles des régions fusionnées ont augmenté trois fois plus vite que celles des six autres. Rien d'étonnant à cela : à l'exception notable des Hauts-de-France (résultat de la fusion entre Nord–Pas-de-Calais et Picardie), les nouvelles entités ont en effet systématiquement choisi d'aligner par le haut leurs régimes indemnitaires. « La fusion des régions a, au moins dans un premier temps, occasionné des surcoûts importants, notamment en matière de rémunération du personnel et d'indemnités des élus dont, par ailleurs, contrairement à ce qui avait été annoncé, le nombre n'a pas été réduit », note la Cour des comptes[1]. Les dispositifs d'intervention ont été souvent harmonisés au plus haut niveau, la réorganisation des systèmes d'information tarde à être réellement mise en œuvre et la

---

1. La Cour des comptes note que « la réforme devait permettre une diminution de 8,7 % du nombre de conseillers régionaux, soit 153 sièges sur les 1 757 que comptaient les conseils régionaux en 2015. Ce nombre n'a finalement pas varié. »

Le millefeuille territorial...

faiblesse persistante des outils de suivi et d'évaluation ne favorise pas la maîtrise des coûts.

Le département devait quant à lui être progressivement dévitalisé par transfert de ses prérogatives, essentiellement aux régions, à partir de la fin de la décennie 2000. Il n'en a rien été, comme le constate la Cour des comptes : « La refonte de la carte des régions a mis en évidence l'intérêt de maintenir l'échelon départemental dans les régions fusionnées. Du fait de leur grande taille et du caractère plus normatif que gestionnaire d'une partie de leurs compétences, les régions peuvent en effet apparaître comme un échelon trop distant des territoires, dans leur grande diversité économique et sociale. Dans ce contexte nouveau, le département est apparu comme échelon incontournable, d'autant qu'il est redevenu le niveau principal de mise en œuvre des politiques de l'État par ses services déconcentrés. »

Mais l'État lui-même, à l'échelon central, n'a pas su s'adapter à ses propres réformes. La Cour des comptes cite un rapport d'inspection publié en 2019 selon lequel « les services régionaux [demeurent] trop centrés sur eux-mêmes avec, pour conséquence, une relative déconnexion avec l'échelon départemental[1] ».

---

1. Rapport conjoint de l'inspection générale de l'Éducation, du Sport et de la Recherche (IGESR), de l'inspection générale de l'Administration (IGA), du conseil général de l'Environnement et du Développement durable (CGEDD), du conseil général de l'Alimentation, de l'Agriculture et des Espaces

Le millefeuille territorial...

« Trop centrés sur eux-mêmes », « relative déconnexion » : les mots qui fâchent sont imprimés. Ce rapport d'inspection, poursuit la Cour des comptes, « a plus fondamentalement constaté que la répartition théorique des compétences entre un niveau régional chargé de la stratégie et du pilotage et un niveau départemental responsable de la mise en œuvre des politiques de l'État ne correspondait pas à la réalité : l'échelon départemental est aussi porteur de stratégies, souvent interministérielles, et une partie de l'activité des directions régionales relève de la mise en œuvre de politiques publiques. L'organisation retenue souffre ainsi d'un défaut de conception, dont témoigne d'ailleurs le fait que trois directions régionales (DREAL, DRAC et DIRECCTE[1]) disposent d'unités départementales ou interdépartementales, qui ne sont toutefois placées que sous l'autorité fonctionnelle (mais pas hiérarchique) du préfet de département pour l'exercice de leurs missions ».

La Cour note également que « l'État n'a pas pleinement tiré les conséquences, sur son organisation

---

ruraux (CGAAER) et de l'inspection générale des services de la Concurrence, de la Consommation et de la Répression des fraudes (IGSCCRF), *Évaluation de l'organisation et de l'articulation du travail entre les services régionaux et départementaux de l'État,* 2019.

1. Direction régionale de l'environnement, de l'aménagement et du logement, direction régionale des affaires culturelles et direction régionale des entreprises, de la concurrence, de la consommation, du travail et de l'emploi.

Le millefeuille territorial...

géographique, de l'entrée en vigueur de la loi du 16 janvier 2015 relative à la délimitation des régions : la réforme s'est souvent traduite par le maintien de sites dans les anciens chefs-lieux de région et a conduit à un éparpillement des directions régionales dans les nouvelles grandes régions. Ces choix ont eu pour conséquences de disperser les équipes, de taille souvent réduite, et de diluer les compétences entre les différents sites d'implantation régionale ».

Cette fusion entre régions est complétée, quelques mois plus tard, par la loi NOTRe (nouvelle organisation territoriale de la République) qui confie de nouvelles compétences aux régions, notamment en matière économique, et renforce le rôle des communautés de communes. Puis les lois EVL (relative à l'engagement dans la vie locale et à la proximité de l'action publique) en 2019 et 3DS (relative à la différenciation, la décentralisation, la déconcentration et portant diverses mesures de simplification de l'action publique locale) en 2022 sont venues compléter cette panoplie. Sans que le millefeuille ait vraiment maigri !

Reconnaissons toutefois que ce maillage territorial permet de maintenir des administrations de proximité qui peuvent coordonner l'action des différents services de l'État. De plus, la création de grandes régions, dès lors que présidentes et présidents s'accordent avec les préfets, conforte notre attractivité économique, y compris dans les nouvelles technologies. S'agissant des

Le millefeuille territorial...

investissements et de l'accueil des opérateurs étrangers, le partage des responsabilités entre État et régions s'avère très lisible pour les investisseurs. Ainsi la région Hauts-de-France, qui fut l'une des plus touchées par la désindustrialisation, accueille-t-elle désormais, sous l'impulsion du président de région Xavier Bertrand, plus d'une centaine d'implantations d'entreprises étrangères, surtout parmi les plus innovantes.

Ce qui est devenu possible en termes de clarification de compétences renforçant notre attractivité économique doit l'être aussi pour ce qui concerne l'enseignement et la santé : pourquoi ne pas donner plus de pouvoirs aux départements et aux régions dans la gestion des écoles, des collèges, des lycées mais aussi des universités ? Pourquoi ne pas leur laisser la main sur la bonne administration des hôpitaux, en allant bien au-delà de l'entretien des bâtiments scolaires et sanitaires ?

Dans un essai passionnant, *La Revanche de la province*[1], l'économiste et philosophe Jérôme Batout raconte comment Paris a « largué » le reste du territoire au tournant des années 1980. Ce choix de la gentrification, du luxe et du tourisme était un calcul à court terme : la capitale paie chaque jour son abandon de toute activité industrielle ou artisanale. La Covid-19 a servi de révélateur, selon l'auteur :

---

1. Jérôme Batout, *La Revanche de la province*, Gallimard, coll. « Le Débat », 2023.

Le millefeuille territorial...

« Il a fallu que la Chine lui manque pendant six mois pour que Paris se souvienne de la province. » Les Gilets jaunes s'étaient déjà rappelés à son bon souvenir quelque temps auparavant. Néanmoins, le mal est fait, d'autant que cette évolution sociologique se double d'une forte inclination jacobine de la part de la haute administration. Chaque acte de décentralisation s'accompagne généralement de deux corollaires : le « doublage » des responsabilités, sorte de mise sous tutelle implicite des collectivités territoriales, comme si elles n'avaient pas la capacité de gérer seules, en responsabilité ; un transfert de compétences qui ne s'accompagne pas toujours d'une mise à disposition équivalente, comme c'est le cas par exemple, pour les départements, dans la gestion des mineurs isolés. La déconcentration des services de l'État trouve aussi ses limites, dans la mesure où les fonctionnaires d'autorité rechignent toujours à s'éloigner de la capitale, comme s'il s'agissait d'un exil en forme de punition.

La coordination entre les services laisse aussi à désirer. Ainsi, dans la banlieue de Toulouse, la commune de Tournefeuille subit-elle de plein fouet les conséquences de l'insécurité, avec plusieurs centaines de vols par an. La police nationale et la municipalité se rejettent la responsabilité de cette situation. La première se révélerait incapable de répondre à toutes les plaintes tandis que la seconde ferait perdurer un système de vidéosurveillance défaillant. Et cela dans

182

Le millefeuille territorial...

un pays où seulement 5 % des auteurs de vol sont retrouvés et traduits en justice !

Autre exemple des difficultés engendrées par notre millefeuille territorial : la répartition conflictuelle des compétences entre l'État et les intercommunalités sur l'obligation de « zéro artificialisation nette » (ZAN) des sols. Sur les 1 250 intercommunalités que compte la France, 663 sont compétentes pour l'élaboration des ZAN. Des plans ont été élaborés à cette fin entre 2013 et 2015 pour définir ces zones. Les investissements et la définition de ces zones devraient donner lieu à une répartition des fonds entre l'État et les intercommunalités ainsi qu'à un dialogue contractuel pour délimiter l'étendue des périmètres et envisager les travaux de renaturation. Cela de façon à pouvoir accueillir de nouveaux sites industriels, dans le cadre de la politique de réindustrialisation du territoire. Les présidents d'intercommunalités souhaitent à juste titre que l'on envisage par contrat des modifications de la répartition de ces ZAN entre les différents territoires selon les besoins actuels ou futurs de consommation de terrains. Bref, que s'opère une sorte de péréquation intelligente plutôt qu'une obligation venue d'en haut sans tenir compte des spécificités locales. Cela d'autant plus que la réduction de la consommation foncière affecte les recettes des communes. Elles souhaitent donc réviser les valeurs locatives en fonction de la consommation foncière et de l'utilisation agricole de ces parcelles naturelles.

183

Le millefeuille territorial...

Nous observons à travers ces nouvelles revendications intercommunales combien les compétences en termes d'aménagement des territoires et de politique fiscale sont aujourd'hui enchevêtrées du haut de l'État jusqu'à ces nouvelles structures communales. Lesquelles ont souvent le sentiment d'être au plus près des administrés sans pour autant détenir les leviers qui permettent de répondre à leurs attentes. C'est aussi le cas des départements. Ils financent 60 % du RSA mais ne maîtrisent pas le contrôle des prestataires de cette allocation. « Il faut qu'on nous laisse assumer la responsabilité du financement qu'on assure, affirme François Sauvadet, ancien ministre de la Fonction publique, président du département de la Côte-d'Or et de l'Association des départements de France, dans une enquête sur les fraudes au RSA publiée par le *Figaro Magazine*[1]. L'un des dysfonctionnements de notre pays que j'ai identifié depuis longtemps, c'est l'espèce de rétention de l'information à laquelle se livre une partie de l'administration. Il y a dans la haute administration en particulier une résistance au partage des données qui provient d'un sentiment de supériorité. Elle considère qu'à Paris, on est meilleur que sur le terrain. »

---

1. Carl Meeus, Judith Waintraub, Ghislain de Montalembert, « RSA : enquête sur ceux qui profitent du système », *Le Figaro Magazine*, 30 juin 2023.

Le millefeuille territorial...

C'est là l'une des facettes du drame administratif français : des services publics perçus comme hautains et lointains. Une centralité de plus en plus exacerbée dans toutes les prises de décision alors que comme beaucoup d'autres pays européens, la France se caractérise par sa grande diversité. L'enseignement et la santé ne sont pas les mêmes à Saint-Jean-de-Luz, Vesoul, Les Arcs, Comps-sur-Artuby ou Mortagne-au-Perche. Sans parler de Giverny ou de Saint-Denis... Trop d'uniformité ruine l'efficacité de nos services publics et conduit nos concitoyens à une réforme désormais structurelle à l'égard du système dans son ensemble.

19.

Le bon plaisir

Des ambassadeurs, des préfets, des directeurs d'organismes publics, des responsables d'institutions... Les personnalités nommées selon la seule volonté du président de la République sont innombrables en France. Ce n'est pas pour rien que le grand Maurice Duverger avait inventé cette expression de « monarque républicain » pour caractériser le chef de l'État et les pouvoirs dont il dispose grâce à la Constitution de la Ve République.

Consultons le *Journal officiel* en ce début d'été 2023. À la date du 6 juillet, on apprend que Didier Lallement, ancien préfet de police de Paris – nommé par le président le 26 septembre 2022 –, est maintenu dans l'emploi de secrétaire général de la mer jusqu'au 27 août 2025 par Emmanuel Macron. En 2014, ce préfet avait été promu conseiller-maître à la Cour des comptes par le président Hollande. À cette même date du 6 juillet 2023, l'actuel chef de l'État met fin, par décret, aux fonctions du directeur général de la sécurité civile et de la gestion des crises à l'administration centrale du ministère de l'Intérieur et des

187

Le bon plaisir

outre-mer. Et nomme dans la foulée son remplaçant, sans délai ni atermoiement, ce qui est la norme. Sauf cas particulier... Ainsi que celui du climat, de l'efficacité énergétique et de l'air par intérim. Il promeut le même jour une brochette d'officiers de l'armée de terre, de l'armée de l'air et de la marine.

Le *Journal officiel* de la veille rend compte de la nomination de la consule générale à Bamako, de la mise en détachement d'une magistrate auprès des tribunaux administratifs, de la nomination d'une nouvelle secrétaire générale adjointe du Conseil supérieur de la magistrature. Des profils très différents que le président a étudiés à cette occasion de près, ou pas.

Le 2 juillet, le chef de l'État a trouvé un président à la société GIAT Industries, une directrice de cabinet à un préfet de département, une sous-préfète, une consule générale pour le poste de Bilbao, et a renouvelé l'exercice d'une magistrate dans un autre ressort que le sien. Il a aussi nommé le nouveau procureur général près la Cour de cassation...

Ce petit détour par le *Journal officiel* est bien sûr anecdotique, et ne rend pas compte du véritable goulot d'étranglement que provoquent les nominations à l'Élysée, où le chef de l'État est le sélectionneur d'une équipe de France administrative dont la liste est interminable. Dans le domaine de la culture, elle s'étend de la direction des châteaux de Versailles, de Fontainebleau, de Chambord, d'Amboise, de Vincennes à celle du Mont-Saint-Michel, de la

Le bon plaisir

cité de Carcassonne, de la basilique de Vézelay, sans oublier les patrons du Centre national du cinéma et de l'image animée (CNC), de la Villa Médicis à Rome, du Louvre, du musée d'Orsay, de l'Institut du monde arabe, de la Bibliothèque nationale de France (BNF), de la Comédie-Française...

Rien que de très constitutionnel ! En son article 13, la Constitution stipule que le président de la République « nomme aux emplois civils et militaires de l'État ». Puis il donne une liste non exhaustive desdits emplois : « Les conseillers d'État, le grand chancelier de la Légion d'honneur, les ambassadeurs et envoyés extraordinaires, les conseillers-maîtres à la Cour des comptes, les préfets, les représentants de l'État dans les collectivités d'outre-mer régies par l'article 74 et en Nouvelle-Calédonie, les officiers généraux, les recteurs des académies, les directeurs des administrations centrales sont nommés en conseil des ministres. » L'alinéa suivant précise qu'« une loi organique détermine les autres emplois auxquels il est pourvu en conseil des ministres ainsi que les conditions dans lesquelles le pouvoir de nomination du président de la République peut être par lui délégué pour être exercé en son nom ». Il y a évidemment nomination et nomination. Certaines d'entre elles font l'objet de longues discussions tandis que d'autres sont décidées en amont, dans les ministères concernés, et sont simplement entérinées par la signature du chef de l'État.

189

Le bon plaisir

En tant que secrétaire général de l'Élysée, je suivais de près, c'est vrai, toutes ces nominations. Reconnaissons que la plupart d'entre elles émanent des ministres pour les responsabilités les plus courantes, telles que les sous-préfets, les chefs de service, les recteurs et souvent les consuls d'ambassade. Ne remontent au président que les nominations des administrations centrales les plus importantes (police nationale, état-major, préfets de région, ambassadeurs, dans les postes les plus en vue, secrétaire général du Quai d'Orsay, direction du Trésor, du Budget, des Finances publiques...) et bien sûr hauts responsables culturels auquel tout président de la République s'attache. Pour la plupart des postes, si aucun problème n'est soulevé par le Premier ministre et le secrétaire général du gouvernement, le président paraphe, via le secrétaire général de l'Élysée, ce qui sera publié au *Journal officiel*. Il semble que cette tradition est aujourd'hui plus que respectée : pratiquement toutes les nominations publiques, des sous-préfets aux directeurs de toute agence, sont soumises au Palais : cela explique aussi que nous assistons parfois à des délais de décision de plus en plus longs (Caisse des dépôts en 2022, château de Versailles, Institut du monde arabe...).

Il convient de préciser que le pouvoir de nomination de l'Élysée n'est plus absolu. La révision constitutionnelle de juillet 2008 voulue par Nicolas Sarkozy

Le bon plaisir

l'a en effet un peu limité[1]. Ainsi, concernant celles qui ont un impact pour la garantie des droits et des libertés ou la vie économique et sociale de la nation, la volonté présidentielle ne peut s'exercer qu'après avis public des commissions permanentes compétentes de chaque assemblée. Le chef de l'État ne peut pas procéder à une nomination quand l'addition des votes négatifs dans chaque commission parlementaire représente au moins trois cinquièmes des suffrages exprimés au sein des deux commissions concernées à l'Assemblée nationale et au Sénat. Pendant quinze ans, cette restriction a semblé toute théorique, car elle n'est jamais survenue dans la réalité.

Et puis, le cas de figure s'est produit pour la première fois au printemps 2023. Emmanuel Macron avait choisi Boris Ravignon, le maire de Charleville-Mézières, pour présider aux destinées de l'Ademe

---

1. Un alinéa a été ajouté à l'article 13 en ces termes : « Une loi organique détermine les emplois ou fonctions, autres que ceux mentionnés au troisième alinéa, pour lesquels, en raison de leur importance pour la garantie des droits et libertés ou la vie économique et sociale de la nation, le pouvoir de nomination du président de la République s'exerce après avis public de la commission permanente compétente de chaque assemblée. Le président de la République ne peut procéder à une nomination lorsque l'addition des votes négatifs dans chaque commission représente au moins trois cinquièmes des suffrages exprimés au sein des deux commissions. La loi détermine les commissions permanentes compétentes selon les emplois ou fonctions concernés. »

Le bon plaisir

(Agence de l'environnement et de la maîtrise de l'énergie). Nommé en conseil des ministres le 22 décembre 2022, celui-ci assurait un intérim suite à la démission de son prédécesseur et avait vu sa nomination confirmée de peu par les parlementaires. Il n'en a pas été de même lors du processus final, quatre mois plus tard, les élus de la nation lui reprochant notamment son refus de démissionner de son mandat de maire à la suite de sa première nomination à l'Ademe. C'est une grande première, qui toutefois ne change rien à cet encombrement transformant l'Élysée en agence de casting permanent.

Plus contrariant encore, d'un point de vue démocratique, ce monopole de la désignation rappelle, dans l'opinion publique, l'absolutisme monarchique et l'arbitraire qui va avec. Il donne libre cours à toutes les suspicions de copinage et de recasage, qui jettent une ombre sur la légitimité de l'exécutif à mettre en œuvre des réformes parfois vécues douloureusement par les fonctionnaires et plus généralement par les Français.

Certes, le recyclage des amis dans le besoin est vieux comme la politique. Et c'est bien tout le problème ! Il existait déjà sous l'Ancien Régime, où divers privilèges étaient accordés par le roi à ceux qui avaient réussi à lui être agréables. Cette tradition a traversé tous les régimes, jusqu'à la V\ :superscript:`e` République. C'est là une différence criante avec la plupart des démocraties

Le bon plaisir

occidentales, où un tel népotisme, de la part d'un chef d'État ou de gouvernement, ne serait pas toléré. Mais en France, ce favoritisme n'est ni de droite ni de gauche, il est de toujours et de partout sur l'échiquier politique. Est-il vraiment indispensable d'entretenir à grands frais un président de la Société du tunnel du Mont-Blanc, lequel n'a jamais la moindre compétence en matière de transports, alors qu'un personnel nombreux et en place est parfaitement capable de gérer cette infrastructure ? Évidemment non, mais des protégés du régime sont toujours ravis de pouvoir profiter d'émoluments non négligeables, d'un bureau, de frais de représentation et jusqu'à peu d'un magnifique appartement avec terrasse à Chamonix. Édouard Balladur, quand il était conseiller de Georges Pompidou à Matignon, puis secrétaire général de l'Élysée, y a battu le record de longévité (douze ans plus huit autres comme président d'honneur). Christophe Castaner est aujourd'hui son lointain successeur. L'ancien ministre de l'Intérieur, ex-socialiste rallié de la première heure à Emmanuel Macron, a été battu aux législatives de 2022. Le président l'a nommé à ce poste par un décret du 17 novembre 2022.

« Malheureux aux élections, heureux aux nominations » ? Cette maxime pourrait s'appliquer à de nombreux candidats dont les électeurs n'ont pas voulu. Les diplomates du Quai d'Orsay n'en sont pas revenus lorsque Amélie de Montchalin, 37 ans, a été nommée ambassadrice auprès de l'OCDE. Celle-ci restera à

Le bon plaisir

jamais dans leur mémoire comme la ministre de la Fonction publique qui a supprimé le corps diplomatique pour le verser dans un grand chaudron des « administrateurs de l'État ». Si jeune et déjà ambassadrice ? Il suffit pour cela de ne pas passer le verdict des urnes. Emmanuelle Wargon non plus n'a pas eu à chercher du travail. L'ancienne ministre, elle aussi défaite aux législatives, a trouvé refuge à la CRE, la Commission de régulation de l'électricité.

Leur ex-collègue Brigitte Bourguignon, devancée de quelques voix par une candidate RN dans le Pas-de-Calais, a trouvé refuge à l'inspection générale des Affaires sociales, où elle a été nommée au tour extérieur fin août 2022. Tour extérieur aussi, mais à la Cour des comptes, pour Agnès Buzyn, ex-ministre de la Santé, arrivée en troisième position, derrière Anne Hidalgo et Rachida Dati, aux municipales à Paris. La liste pourrait s'allonger encore, tant le « nouveau monde » n'a pas rompu avec cette regrettable habitude. Tous ces postes, en effet, sont à la discrétion du président de la République. La même suspicion peut entacher toutes les nominations au tour extérieur dans les grands corps de l'État. Car c'est chaque fois, in fine, une décision du chef de l'État et du secrétaire général de l'Élysée, qui a toutes les chances de passer pour un privilège de droit quasiment divin.

Jamais candidat à aucune élection, haut fonctionnaire au service de l'État, je n'ai jamais eu besoin

Le bon plaisir

d'être recasé. Mais j'ai bénéficié, moi aussi, de nominations à caractère politique en conseil des ministres.
Ce fut le cas, en 2000, quand je suis devenu directeur
du Trésor. Puis, fin 2008, quand je quitte le secrétariat
d'État aux Affaires européennes, Nicolas Sarkozy me
nomme président de l'Autorité des marchés financiers
(AMF). Au moins n'a-t-il pas d'interrogations quant à
mes compétences. J'ai travaillé longtemps, à différents
postes, au ministère de l'Économie et des Finances, si
bien que ce poste à l'AMF aurait pu m'échoir sans être
passé par la case gouvernement. En 2017, le nouveau
président me nomme à Londres comme ambassadeur,
en accord avec son prédécesseur. Au moins ne puis-je
redouter des réactions hostiles du Quai d'Orsay, où
j'ai été secrétaire d'État chargé de l'Europe.

Toutefois, dans tous les postes de responsabilité
que j'ai occupés, j'ai pu constater, au fil des ans,
que les nominations de circonstance, quand elles ne
se justifient pas par la compétence de ceux qui en
bénéficient, ne permettent pas un fonctionnement
optimal de l'État, puisqu'elles empêchent les profils
les plus adéquats d'être aux commandes. Mais c'est là
leur moindre défaut. Plus grave, elles sapent l'autorité
de l'exécutif.

20.

Le verre à moitié plein

Évidemment, comparées à celle, historique, de l'euro, toutes les réformes ne peuvent apparaître qu'à moitié réussies, à l'exception toutefois du prélèvement à la source (PAS) de l'impôt sur le revenu. Cette aventure au dénouement heureux – les Français sont très majoritairement satisfaits (à 80 % selon certaines études) de ne plus subir de décalage entre la perception de leur rémunération et le paiement de leur impôt – a pourtant affronté de solides vents contraires pendant près de quarante ans.

En 2012 encore, le Conseil des prélèvements obligatoires (CPO), organisme lié à la Cour des comptes, rend un rapport défavorable au prélèvement à la source[1]. Certes, la France est un des derniers pays de l'OCDE, avec la Suisse et Singapour, à renâcler face à ce dispositif. Mais le CPO considère qu'il n'apporterait que de maigres progrès alors que 73 % des contribuables ont opté pour la mensualisation, que 90 % des paiements s'effectuent par voie électronique, et que l'administration

---

1. Conseil des prélèvements obligatoires, *Prélèvement à la source et impôt sur le revenu*, 16 février 2012.

Le verre à moitié plein

fiscale propose déjà des dispositifs pour atténuer les effets d'une baisse de revenus d'une année sur l'autre, même s'ils ne sont, reconnaît-il, utilisés que par 2 % des contribuables. Il estime même qu'il s'agit d'une vieille lune impossible à décrocher : « Dans un contexte de généralisation de l'impôt sur le revenu – le nombre de ménages assujettis passe de 15 % en 1950 à 63 % en 1979 –, nombreux ont été les rapports ainsi que les projets gouvernementaux qui ont tenté d'instaurer un prélèvement à la source, sans jamais aboutir. »

Quant au meilleur taux de recouvrement à attendre du PAS, il est décrit par le CPO comme une perspective illusoire, car les différentes améliorations survenues semblent déjà miraculeuses. Et il ajoute une notation plus proche de la philosophie, voire de la divination politique, que du contrôle des finances publiques : « La retenue à la source est susceptible d'affaiblir le civisme fiscal classique qui passe par une meilleure participation du contribuable-citoyen au débat démocratique. En effet, le prélèvement à la source est moins directement perceptible pour le contribuable : son impôt prélevé à la source n'apparaît plus sur son compte bancaire, où seul figure le salaire net. Le système du paiement sur rôle qui prévaut actuellement en France est de ce point de vue plus compréhensible : une fois par an, le contribuable reçoit un avis d'imposition récapitulant le taux synthétique d'impôt dû au titre de l'ensemble de ses revenus, ainsi que l'échéancier des paiements à

Le verre à moitié plein

venir.» En résumé, ce rapport pourrait s'intituler *Pourquoi changer* et n'hésite pas à se prévaloir des turpitudes de l'administration fiscale afin de justifier sa position : «Au regard de la complexité de l'impôt sur le revenu en France et de la difficulté qu'il y aurait à mettre en place une retenue à la source permettant un ajustement parfait de l'impôt aux variations de revenu du contribuable, il n'est pas certain que la retenue à la source permettrait au contribuable de disposer d'un revenu véritablement net d'impôt ; en réalité, il subsisterait probablement des régularisations l'année suivante.»

Il faut toutefois reconnaître à la Cour des comptes une grande honnêteté intellectuelle, puisqu'elle tire dix ans plus tard, et trois ans après la mise en œuvre du prélèvement à la source, un bilan très positif de cette petite révolution fiscale[1] : «Ce projet apparaît globalement comme une réussite, tant dans son rapport coût-rendement favorable que par son taux d'approbation élevé auprès de la population.» La Cour souligne combien le prélèvement à la source a montré sa pertinence au moment de la crise sanitaire, en permettant aux ménages qui connaissaient une baisse de leurs revenus de lisser les effets fiscaux de cette situation. Elle constate aussi que le PAS permet d'obtenir un recouvrement plus réactif de l'impôt sur le revenu : le

---

1. Cour des comptes, *La Mise en œuvre du prélèvement à la source*, 22 janvier 2022.

Le verre à moitié plein

nombre de délais de paiement a ainsi diminué de 58 % entre 2018 et 2020. Tout cela grâce à l'action de Gérald Darmanin qui stimula constamment la direction générale des Finances publiques, la mettant au défi de relever le pari ! L'administration aussi a son ego.

De la même manière, c'est bien à tort que le crédit impôt recherche (CIR) ou le crédit d'impôt pour la compétitivité et l'emploi (CICE) ont été et sont encore parfois critiqués comme des « cadeaux » faits aux entreprises. Il s'agit en vérité de belles inventions qui produisent des résultats pérennes. Ils ont permis la réussite de 1 900 start-up et PME industrielles. Après 35 ouvertures de sites en 2022, il en est prévu une centaine en 2023. Et au pays des délais administratifs interminables, notons que les délais pour ouvrir un nouveau site ont été divisés par deux, passant de dix-huit à neuf mois, ce qui constitue un progrès considérable.

Aujourd'hui, l'État dispose d'instruments pour mesurer les performances des administrations. Les préfets sont désormais jugés sur leurs résultats quant à la mise en œuvre des politiques publiques sur les territoires dont ils ont la charge. La direction interministérielle de la Transformation publique (DITP) met en œuvre des instruments de mesure de l'avancement des réformes prioritaires, à travers notamment PILOTE, un outil de pilotage qui permet de rendre

Le verre à moitié plein

compte de l'exécution des réformes en temps réel, et de suivre l'avancement des objectifs donnés aux préfets.

Cette initiative répond à une exigence d'Emmanuel Macron qui, à défaut d'avoir engagé en 2017 une grande transformation de l'État, entend humaniser l'administration et la rendre plus proche des citoyens. Vaste programme ! « Ce qui est demandé, c'est une plus grande proximité des services, une plus grande capacité à décider au plus près du terrain. Ce qui est demandé, ce sont des visages familiers, humains qui portent ces décisions aux côtés des Français, de tous les Français. Je suis convaincu que l'objectif que nous devons nous assigner, c'est d'avoir une administration où la décision se prend plus localement et qui puisse mener ce que j'appellerais une politique de décisions, de bienveillance et de reconnaissance », disait le chef de l'État à l'occasion d'une convention le 8 avril 2021.

L'une des conséquences heureuses de cette volonté, ce sont les maisons France services, chargées d'offrir aux Français un guichet de proximité pour toutes leurs démarches[1] et annoncées par Emmanuel Macron dans

---

1. Dans son *Baromètre des résultats de l'action publique*, le think tank Terra Nova s'intéresse en avril 2021 à la mise en œuvre des maisons France services. Elle expose ainsi les grandes lignes du dispositif : « Dans sa circulaire du 1er juillet 2019, le Premier ministre indique que ces structures devront prioritairement être

201

Le verre à moitié plein

le sillage du grand débat national qui a suivi la crise des Gilets jaunes, durant l'automne et l'hiver 2018. L'idée n'est pas nouvelle puisque existaient déjà les maisons de service au public (MSAP), dont les premières ont été créées au début des années 2000 et qui ont été mises en réseau par la loi NOTRe de 2015. Mais l'accélération est spectaculaire. Il existait 1 340 maisons de service au public en 2018. Les maisons France services sont aujourd'hui plus de 2 500 sur tout le territoire français, y compris en outre-mer. Près de 100 % de

—————

accueillies par les mairies, les sous-préfectures, les trésoreries, les bureaux postaux mais qu'elles pourront également l'être au sein de gendarmeries, de centres sociaux, de locaux associatifs ou de lieux culturels. L'État souhaite également encourager les dispositifs itinérants (bus, rendez-vous à domicile, maisons itinérantes...). C'est le préfet qui valide la demande de l'acteur local, notamment en s'assurant que l'implantation se fasse dans des zones isolées, dans de petites centralités ou dans les quartiers prioritaires de la ville (QPV). C'est ensuite l'Agence nationale de la cohésion des territoires qui délivre le label "France services" sur la base de 30 critères. Chaque structure labellisée reçoit ensuite une subvention annuelle de 30 000 euros. Les collectivités territoriales peuvent en outre bénéficier d'une dotation d'équipement pour couvrir 80 % de leurs dépenses d'investissement et l'État prend en charge la formation des agents, l'animation du réseau ainsi que le déploiement des outils informatiques. C'est la Banque des territoires de la Caisse des dépôts et consignations qui est chargée du financement, du développement et de la mise à disposition des instruments et infrastructures numériques et notamment d'une plateforme permettant aux agents non seulement de trouver des informations mais également de faire remonter des informations du terrain. »

Le verre à moitié plein

la population vit à moins de 30 minutes d'une maison France services, et 90 % à moins de 20 minutes. Chaque mois plus d'un demi-million de personnes se rendent dans l'une de ces structures. Toutefois, quatre ans après la création de France services, son financement n'est toujours pas pérennisé. Sans entrer dans des détails technocratiques complexes, notons que les collectivités locales, le plus souvent de petites communes, doivent assumer plus de 50 % du coût de fonctionnement de ces maisons France services, selon un document de la Cour des comptes cité par un rapport sénatorial rédigé par l'élu du Cantal Bernard Delcros au nom de la commission des finances[1]. Ce rapport du Sénat, publié à l'été 2022, est d'ailleurs une comparaison intéressante avec une expérience canadienne : « Service Canada a été créé en septembre 2005. Il existe actuellement 500 bureaux Service Canada et 200 unités mobiles qui se rendent dans les territoires les plus isolés. Service Canada collabore avec 14 autres départements et agences afin de fournir plus de 50 programmes et services gouvernementaux. La principale différence avec les maisons France services est qu'il s'agit d'un programme gouvernemental entièrement financé par l'État, dans lequel les collectivités ne sont pas directement impliquées. »

---

1. Bernard Delcros, *Les maisons France services, levier de cohésion sociale,* rapport d'information n° 778 (2021-2022), déposé le 13 juillet 2022.

Le verre à moitié plein

Et c'est là une action tout à fait fondamentale, qui conduit d'ailleurs le sénateur Delcros à formuler ainsi sa recommandation numéro un : « Porter la contribution cumulée de l'État et des opérateurs à 50 % du coût minimal d'une maison, soit 50 000 euros par an et par maison, tout en maintenant la parité entre État et opérateurs nationaux. »

Les maisons France services, malgré leur caractère perfectible, en matière de financement mais aussi de formation des intervenants, demeurent toutefois un exemple de réforme ambitieuse et réussie.

Reste la question de la cohérence d'ensemble de tels dispositifs, réussites isolées dans un océan de routine. La LOLF (loi organique relative aux lois de finances) de 2001 avait cette ambition de faire passer la gestion publique d'une logique de moyens à une logique de résultats. Plus de deux décennies plus tard, il n'est pas exagéré d'affirmer qu'elle a échoué, comme le fait François Ecalle dans une note de Fipeco[1] en 2020 : « En contrepartie de règles de gestion plus souples, avec en particulier le remplacement de 800 chapitres budgétaires par 120 "programmes", les gestionnaires des crédits de l'État devaient être "responsables" des résultats obtenus, ceux-ci étant présentés dans des "rapports annuels de performance" et mesurés par des

---

1. François Ecalle, « Le volet performance de la LOLF », Fipeco, 11 mars 2020.

Le verre à moitié plein

"indicateurs" quantitatifs associés à des "objectifs" fixés dans des "projets annuels de performance" », expose-t-il. De nombreux fonctionnaires remplissent chaque année les 20 000 pages des documents sur la performance. « Si les informations publiées sont très riches, elles n'ont quasiment aucun impact sur les décisions budgétaires, sur l'efficience de la gestion publique et sur la modernisation de l'État. Le volet performance de la LOLF est un échec. »

Un jour peut-être, des responsables politiques, sans arrière-pensées politiciennes, assumeront une réforme politique profonde de l'État pour affronter les prochains défis écologiques, sociétaux et de puissance de demain. Et trouveront le moyen d'y parvenir en préservant notre identité et notre sécurité, et surtout en suscitant l'adhésion de la majorité des citoyens de ce pays. « La question est celle du sens. Réformer oui, mais pour aller où ? Les Français ont le sentiment d'être une nouvelle fois embarqués dans un train dirigé par des conducteurs qui ne savent pas vraiment où ils vont. Quelle est la destination ? Quel est le projet ? Nous sommes en marche, oui, mais vers où ? L'impression d'être baladé vers nulle part est aujourd'hui partagée par une majorité de l'opinion. » Ainsi s'exprimait le géographe Christophe Guilluy fin mars dans son entretien au *Figaro* déjà cité, en mars 2023. On était alors au plus fort de la contestation sur la réforme des retraites engagée par

Le verre à moitié plein

Emmanuel Macron et sa Première ministre, Élisabeth Borne, et considérée comme la pierre angulaire du quinquennat 2022-2027.

Mais je suis bien conscient que si la critique est aisée, l'art est difficile. André Tardieu, président du Conseil dans les années 1930, jetait sur cette question un regard pour le moins désabusé : « Lorsqu'un président du Conseil veut se faire applaudir, il lui suffit d'annoncer la réforme administrative, car personne ne sait ce que cela veut dire. » Ce n'est pas tout à fait faux !

Conclusion

Quand on considère la France dans son ensemble, il est clair qu'une ambitieuse réorganisation des pouvoirs est à l'ordre du jour. Une plus grande décentralisation s'impose en clarifiant les compétences de l'État, des régions, des départements, afin de réduire le millefeuille territorial qui complique trop souvent l'accès à l'école, mais aussi aux hôpitaux et aux différentes prestations sociales si importantes dans notre pays. Pour cela, il nous faut plus de coordination sous l'autorité des préfets et des élus régionaux et locaux. Reconnaissons que nombre de progrès ont été réalisés par l'instauration de mesures bienvenues : évaluation des performances des administrations, réduction des délais entre la prise de décision à Paris et l'application sur le terrain, recrutement de contractuels plutôt que de titulaires grâce à la création de la direction interministérielle de la Fonction publique... Il reste néanmoins à réduire la masse salariale globale. Or l'État demeure davantage une structure de fonctionnement plutôt qu'une entité opérationnelle.

La réforme trop longtemps fut un fantasme pour les administrations et un slogan politique. Nous avons,

Conclusion

nous aussi, notre part de responsabilité, en raison de notre individualisme et de notre nervosité dès que l'on touche aux acquis sociaux ou à certaines pratiques, telles que la limitation de vitesse à 80 kilomètres-heure. Bien sûr, aux réactions parfois attendues des Français répond l'irrationalité de nos dirigeants dans la conduite des réformes, comme on le vit sur les retraites. Bien souvent, nous pensons que certaines réformes ne passeront pas alors que peuvent échouer celles que nous croyons possibles. Il doit y avoir beaucoup plus de concertation entre les responsables de l'État et les corps intermédiaires.

En outre, simplifions nos structures ministérielles pour les adapter aux nouvelles révolutions en cours.

Avec vous, pour vous, j'ai voulu faire une sorte de confession qui mette à plat les moyens du redressement qui ne demandent qu'à être mobilisés. Et n'oubliez pas, l'État c'est vous !

ANNEXE

Un rapport prémonitoire

Il y a près de vingt ans, en 2006, le gouvernement nous avait confié, à Maurice Lévy, le président de Publicis, et à moi-même la tâche de faire un rapport sur un thème à l'époque très nouveau : le patrimoine immatériel français. Cela impliquait de favoriser les visites de sites naturels, de résidences d'État bien sûr, de musées. Jusque-là, pas de problème. Mais la polémique vint de ce que nous préconisions : une plus grande circulation des œuvres d'art. Certaines d'entre elles étaient conservées dans les souterrains des musées qui s'en réclamaient propriétaires intangibles. Comme pour beaucoup d'autres biens immatériels, nous voulions qu'ils soient plus accessibles aux citoyens et qu'ils soient mieux exposés par différents musées, moyennant bien sûr le paiement de redevances.

Le ministère de la Culture alimenta une controverse médiocre contre nous : on nous accusa – oh sacrilège ! – de vouloir « commercialiser l'art » et de traiter les œuvres comme des « biens de consommation ». Après avoir subi pendant près d'un an ces critiques qu'on peut juger très archaïques avec le recul, est venu le temps de la reconnaissance de notre travail : le Louvre céda des œuvres pour créer le Louvre Lens en 2012 puis le Louvre Abu Dhabi en 2017, transformant ainsi un musée en une véritable

Annexe

marque d'envergure mondiale. Une révolution dans ce milieu fermé. Les tableaux purent alors s'échanger entre les différents musées au lieu de stagner à l'abri des regards dans des sous-sols inaccessibles. Et, au-delà de cette question, l'État commença à réfléchir à l'idée d'adopter une véritable politique numérique.

Notre rapport n'avait pas été tout à fait inutile.

On trouvera dans les pages suivantes des extraits de ce rapport.

RAPPORT DE LA COMMISSION
SUR L'ÉCONOMIE DE L'IMMATÉRIEL

L'ÉCONOMIE DE L'IMMATÉRIEL

La croissance de demain

par Maurice Lévy et Jean-Pierre Jouyet

« Il est une richesse inépuisable, source
de croissance et de prospérité : le talent
et l'ardeur des femmes et des hommes. »

Le Ministre de l'Économie,
des Finances et de l'Industrie   Paris, le 16 mars 2006

Monsieur le Président,

Vous avez accepté de présider, en liaison avec M. Jean-Pierre Jouyet, chef du service de l'Inspection générale des finances, la Commission que j'ai constituée pour réfléchir sur l'économie de l'immatériel. Je souhaite que vous étudiiez, avec les commissaires que j'ai désignés à cette fin, les caractéristiques de l'émergence d'une économie fondée sur la croissance des actifs immatériels ainsi que l'impact que cette évolution peut avoir sur notre société et son potentiel de développement.

Cette Commission devra en particulier examiner trois questions essentielles :

– **Concurrence, monopole et rente dans l'économie de l'immatériel :** dans un environnement marqué par l'importance croissante de la création industrielle, intellectuelle et artistique, il est primordial de soutenir l'effort de créa-

Annexe

tion, de recherche et d'innovation dans notre pays. Ceci suppose que l'ensemble de l'économie bénéficie de cette nouvelle source de valeur et que le créateur soit rétribué de manière juste et équitable. Dans cette perspective, il est important d'apprécier les conditions de concurrence, de monopole et de rente liées à la création, afin de s'assurer qu'elles correspondent à un optimum économique et social.

– **Création de valeur et circuits de financement** : le développement de l'économie de l'immatériel se traduit par une plus grande diversité des modalités de création de valeur et de richesses par les entreprises. Alors que les milieux de l'analyse financière ont affiné les concepts utilisés pour mesurer et comparer cette capacité de création de valeur, il convient d'envisager comment notre système de prélèvements peut l'appréhender de manière plus objective tant au niveau de l'assiette que du mode d'imposition.

– **Contours et valorisation du patrimoine public immatériel** : comme les autres acteurs économiques, l'État détient des actifs. L'État est peut-être plus riche encore que d'autres en actifs immatériels : il est détenteur de licences, de brevets, de fréquences mais aussi de bases d'informations économiques et de savoir-faire reconnus. Or, l'État ne dispose à ce jour ni de mécanismes ni d'une politique destinés à évaluer et à valoriser ces actifs alors que nos partenaires ont engagé la refonte de leurs modes de gestion de leurs actifs, en particulier immatériels.

Annexe

Des éléments de cadrage plus détaillés de ces réflexions sont joints en annexe. La Commission pourra s'appuyer autant que nécessaire sur les services du ministère et au premier chef de l'Inspection générale des finances.

Vous voudrez bien me rendre un rapport d'étape avant le 30 juin. Les résultats définitifs des travaux de la Commission devront me parvenir d'ici le 30 septembre 2006.

Je vous prie de croire, Monsieur le Président, à l'assurance de ma considération distinguée.

Avec mes remerciements.

Thierry BRETON

Monsieur Maurice LÉVY
Président
Groupe Publicis   Paris, le 23 novembre 2006

Monsieur le Ministre,

Vous trouverez ci-joint le rapport de la Commission sur l'économie de l'immatériel. Nous tenons à vous exprimer à nouveau notre reconnaissance pour la confiance que vous nous avez témoignée en nous chargeant de cette mission. Notre collaboration a été réelle, profonde, et constante. Nous voulons y voir un exemple de partenariat entre le secteur public et le secteur privé, qui sont les deux sources indissociables de la richesse de la nation.

Nous avons commencé notre mission par la recherche d'exemples, de travaux ou de réflexions similaires à l'étranger, et force est de constater que rien de semblable ni d'aussi complet n'a été réalisé à ce jour. Votre initiative est donc originale et unique, et la mission confiée à la Commission n'avait pas de précédent. Vous nous avez chargés d'être des précurseurs, ce qui nous a conduits à inventer, à innover, et à apporter, à des problèmes nouveaux, des solutions nouvelles.

Annexe

L'économie de l'immatériel est une économie en formation, une économie de la connaissance, systémique et fonctionnant en réseau, une économie qui se joue des espaces et du temps, ce qui nous a amenés à nous aventurer sur des terrains que nous n'avions initialement pas prévu d'aborder. Vous trouverez donc dans le rapport de la Commission des analyses et des recommandations sur la recherche, la formation, l'université, mais aussi sur les réglementations économiques, fiscales ou sociales qui peuvent être, pour l'immatériel, autant de freins ou d'accélérateurs.

Nous sommes arrivés à la conclusion que cette économie recèle un potentiel de croissance considérable, capable d'irriguer toute l'économie française et susceptible de générer des centaines de milliers d'emplois, comme d'en préserver d'autres qui seraient, autrement, détruits ou délocalisés. Ce sont ces objectifs qui inspirent les recommandations que nous avons formulées : il nous a fallu imaginer des solutions pour lever les freins et les rigidités qui font patiner notre économie, et imaginer des recommandations qui créent du dynamisme, qui insufflent de l'énergie et qui créent de l'initiative, de la croissance et des emplois.

Nous ne prétendons pas avoir couvert tous les champs d'une question qui se révélait de plus en plus vaste à mesure que progressait notre réflexion. Faute de temps, nous n'avons pas épuisé le sujet, ni travaillé autant qu'il aurait fallu sur certaines recommandations.

Il reste que le rapport que nous avons l'honneur de vous remettre est le résultat d'un travail assidu, sérieux,

Annexe

obstiné, qui nous a réunis treize fois en séance plénière, et qui a été l'occasion de plusieurs dizaines d'échanges. Nous disons notre gratitude aux membres de la Commission pour leur disponibilité, leur inventivité et la grande passion montrée pour l'intérêt de notre pays. Et nous remercions les jeunes rapporteurs de l'Inspection générale des finances pour la qualité de leur travail, et pour l'intelligence avec laquelle ils ont mené leurs investigations tout en prenant scrupuleusement en compte les attentes de la Commission.

Nous espérons que ce rapport servira à penser et créer la croissance de demain, à puiser dans cette richesse infinie que sont les hommes et les femmes de notre pays pour leur offrir l'avenir dont ils sont dignes, et à oser s'attaquer à ces rigidités qui freinent le dynamisme latent de notre pays.

Nous vous prions d'agréer, Monsieur le Ministre, l'expression de notre haute considération.

Maurice LÉVY
Jean-Pierre JOUYET

COMMISSION SUR L'ÉCONOMIE DE L'IMMATÉRIEL

Maurice Lévy	Président du directoire du groupe Publicis
Jean-Pierre Jouyet	Chef du service de l'Inspection générale des finances
Elie Cohen	Professeur d'économie, membre du CAE
Laurent Cohen-Tanugi	Avocat, membre de l'académie des Technologies
Jean-Pierre Denis	PDG d'OSEO
Bruno Gibert	Avocat, Francis Lefebvre
Laurent Heynemann	Réalisateur, ancien président de la SACD
Danièle Lajoumard	Inspectrice générale des Finances
Philippe Lemoine	Président de LaSer
Jean-Luc Lépine	Inspecteur général des Finances
Alain Lévy	Président d'EMI
Élisabeth Lulin	PDG de Paradigmes

Annexe

Pascal Nègre	Président d'Universal Music France
Anne-Sophie Pastel	Fondatrice et présidente d'AuFéminin.com
Joël de Rosnay	Conseiller du président de la Cité des sciences
Geoffroy Roux de Bézieux	Président de Croissance Plus
Claude Rubinowicz	Inspecteur général des Finances
Henri Serres	Vice-président du conseil général des Technologies de l'Information
Ezra Suleiman	Professeur à Princeton et à l'Institut d'études politiques de Paris
Marc Tessier	Directeur général du Pôle Netgem – Médias services
Peter Zangl	DG adjoint Société de l'information à la Commission européenne
Pierre Cunéo	Inspecteur des Finances
Maxime Baffert	Inspecteur des Finances
Arnaud Geslin	Inspecteur des Finances
Sébastien Proto	Inspecteur des Finances
Paul Bernard	groupe Publicis

Agnès Audier, ingénieure des Mines, a également participé aux travaux de la commission et y a apporté des contributions thématiques.

RÉSUMÉ

1. L'ÉCONOMIE A CHANGÉ MAIS LA FRANCE N'EN TIRE PAS TOUTES LES CONSÉQUENCES

L'immatériel est aujourd'hui le facteur clé de succès des économies développées

L'économie a changé. En quelques années, une nouvelle composante s'est imposée comme un moteur déterminant de la croissance des économies : l'immatériel. Durant les Trente Glorieuses, le succès économique reposait essentiellement sur la richesse en matières premières, sur les industries manufacturières et sur le volume de capital matériel dont disposait chaque nation. Cela reste vrai, naturellement. Mais de moins en moins. Aujourd'hui, la véritable richesse n'est pas concrète, elle est abstraite. Elle n'est pas matérielle, elle est immatérielle. C'est désormais la capacité à innover, à créer des concepts et à produire des idées qui est devenue l'avantage compétitif essentiel. Au capital matériel a succédé, dans les critères essentiels de dynamisme économique, le

Annexe

capital immatériel ou, pour le dire autrement, le capital des talents, de la connaissance, du savoir. En fait, la vraie richesse d'un pays, ce sont ses hommes et ses femmes. Qu'on en juge. Il y a trente ans, être un leader de l'industrie automobile, c'était avant tout s'imposer par des critères techniques, par exemple les caractéristiques de la cylindrée. Aujourd'hui, c'est la marque, le concept, le service après-vente ou le degré de technologie intégrée dans les véhicules qui font, dans ce secteur, la réussite industrielle. L'organisation du travail fait l'objet d'une nouvelle division internationale : la production se déplace dans les pays à bas coûts de main-d'œuvre et les pays développés se spécialisent dans les technologies de pointe, la construction de l'offre commerciale, la création du concept ou la maîtrise du design. Tous les secteurs industriels, des semi-conducteurs au textile, des logiciels aux télécommunications, font désormais de l'immatériel la clé de leur avenir. La valeur des entreprises repose de plus en plus sur des éléments immatériels, parfois quantifiables, parfois moins, par exemple la valeur de leur portefeuille de brevets et de leurs marques ou la capacité créative de leurs équipes.

Pour comprendre ce mouvement, il faut revenir sur trois ruptures qui marquent l'économie mondiale depuis plus de vingt ans. D'une part, la place croissante de l'innovation, qui est devenue le principal moteur des économies développées. Jusqu'aux années 1970, on pouvait se contenter d'imiter ce que trouvaient les États-Unis. Aujourd'hui, la France n'a, comme les autres, pas d'autre choix que de trouver ce qui n'a pas encore été découvert. D'autre part, le développement massif des technologies de l'information

Annexe

et de la communication ouvre aux entreprises des possibilités considérables de réorganisation de leur production et de recentrage sur les activités à plus forte valeur ajoutée. Enfin, la tertiarisation continue des pays développés, qui reposent de plus en plus sur des économies de services, dans lesquelles les idées, les marques et les concepts jouent un rôle essentiel. En toile de fond, deux autres tendances lourdes des économies développées – la mondialisation et la financiarisation – facilitent le recentrage des entreprises sur les activités les plus créatrices de valeur, c'est-à-dire les activités immatérielles.

Ces trois évolutions concernent l'ensemble des économies développées. Dans chacune d'entre elles, les secteurs spécialisés dans les biens et services à caractère immatériel ont un poids économique en constante augmentation.

En France, ils représenteraient, au sens large, environ 20 % de la valeur ajoutée et 15 % de l'emploi. Mais au-delà de ces secteurs, c'est toute la valeur créée par l'économie française qui se dématérialise chaque jour un peu plus. Dans toutes les entreprises, quels que soient le produit ou le service vendus, la création de valeur se fonde de plus en plus sur des actifs immatériels.

Faute de prendre la mesure de ce changement et d'en tirer les conséquences, la France aborde ce défi de l'immatériel fragilisée

Dans cette économie de l'immatériel, le succès ira aux économies qui se montreront les plus capables d'attirer et de valoriser les talents, c'est-à-dire concrètement de se

Annexe

doter du meilleur potentiel de formation et de recherche et de favoriser le plus largement possible l'innovation, dans la sphère privée comme dans la sphère publique.

Il n'est pas étonnant que, dans les appréciations mondiales de la compétitivité de la France, la perception l'emporte sur la réalité et, souvent, s'y substitue : l'idée que l'on se fait des choses est souvent plus importante que la chose elle-même. Dans ce contexte, les entreprises ont, pour beaucoup, bien compris le rôle de l'innovation, de la connaissance, de la marque, des images, et le capital intangible qu'elles représentent.

Formation, recherche, innovation : c'est sur ces critères que seront de plus en plus classées les nations. Et c'est sur ces trois critères que notre économie présente des faiblesses importantes et durables. Certaines de ces fragilités sont désormais bien connues, en particulier les failles de notre système d'enseignement supérieur, handicapé par une organisation qui entretient l'échec de masse et rend nos universités invisibles sur la scène mondiale, et celles de notre appareil de recherche, en raison notamment d'une organisation publique de la recherche aujourd'hui dépassée et d'une insuffisante valorisation des résultats des travaux effectués. Les revenus tirés de la propriété intellectuelle représentent ainsi, selon les années, entre 3 % et 5 % du budget de la recherche aux États-Unis, contre 1 % en France.

D'autres le sont moins alors qu'elles constituent également un frein à notre positionnement dans l'économie de l'immatériel. D'une manière générale, nos structures fonctionnent bien en ce qui concerne les entreprises en place, celles qui sont déjà bien installées, alors que

Annexe

le renforcement de notre potentiel d'innovation nécessiterait de tout mettre en œuvre pour inciter les plus jeunes entreprises à se développer, en leur facilitant par exemple l'accès au capital, aux aides à la recherche, aux financements publics et privés, en développant une réglementation de qualité qui ne limite pas l'entrée sur de nouveaux marchés ou encore en évitant que le système de protection de la création et des idées ne réduise trop la réutilisation de découvertes antérieures. Ce sont aussi sur ces jeunes ou petites entreprises que nos rigidités dans l'organisation et les réglementations du travail pèsent le plus.

À ces handicaps s'ajoute une faiblesse encore plus rarement évoquée : la gestion du patrimoine immatériel. L'État et les autres administrations sont riches d'un potentiel d'actifs immatériels important, grâce en particulier aux droits d'accès que l'État accorde ou à certaines ressources rares dont il a la maîtrise et qui représentent, pour les entreprises, un facteur de développement considérable. Les fréquences hertziennes, utilisées pour recevoir une communication sur un téléphone mobile ou une image sur un poste de télévision, ou les autorisations d'accès à certaines activités, en constituent deux exemples types. Faute de gérer correctement ces actifs, l'État prive l'économie d'une source de richesses essentielle pour certains secteurs industriels. Mais au-delà de ces actifs immatériels publics, l'État peut influencer la valorisation du patrimoine immatériel de la nation. Dans l'économie immatérielle, notre histoire, notre géographie, nos territoires sont autant d'atouts dont on peut tirer des richesses.

Annexe

Mais pour cela il faut développer la protection des marques culturelles et entreprendre plus systématiquement leur mise en valeur.

Il est illusoire de considérer que la France pourra demain apparaître comme un acteur majeur de l'économie mondiale sans remédier à ces faiblesses. Nous sommes en réalité à un moment clé. La rapidité avec laquelle s'est développé le haut débit en France, l'occasion qu'ont su saisir récemment les jeunes entrepreneurs français pour s'imposer comme des leaders de la nouvelle génération du Web, le départ croissant de chercheurs à l'étranger comme la renommée internationale de marques françaises le montrent : notre pays regorge de talents et d'idées. Faute de s'atteler à des réformes difficiles, mais inévitables, il court cependant le risque de ne pas savoir les valoriser et, au contraire, de laisser d'autres économies en profiter.

2. FAIRE DE LA FRANCE UN LEADER DE L'IMMATÉRIEL

Dans le nouveau jeu économique, nous avons les atouts et les ressources indispensables pour gagner des points : nous ne manquons pas de matière grise alors que nous manquons de matières premières ou de capitaux. Ne nous trompons pas : l'économie de l'immatériel sera la plus forte source de croissance des pays dans ce XXIe siècle. C'est par là que se créeront richesses et emplois.

Plutôt que de gâcher notre potentiel, développons-le et profitons au mieux de ce nouveau relais de croissance.

Annexe

Ayons pour but de valoriser nos talents, mais aussi d'attirer ceux des autres. Nous devons reconstruire la « marque France », pour qu'à l'étranger nous soyons désormais perçus comme une plateforme de création et d'innovation, une référence dans la société de la connaissance. Mais pour cela il nous faut changer : changer de réflexes, changer d'échelle et changer de modèle.

Changer de réflexes

Accroître le volume des actifs immatériels privés et publics est un impératif de politique économique. Pour y parvenir, nous devons abandonner certains de nos réflexes qui, au lieu de favoriser ces actifs, freinent leur développement. **Le premier réflexe dont nous devons nous défaire, c'est celui qui consiste à favoriser les situations acquises.** Dans de nombreux domaines confrontés à un changement technologique, nous nous demandons comment protéger l'existant alors qu'il faudrait d'abord chercher à tirer au mieux parti du changement. En agissant de la sorte, nous freinons le développement de nouvelles activités et de nouveaux emplois. Les industries de la musique et des jeux en ligne sur Internet constituent deux exemples récents de ce type de réaction. L'État ne met par ailleurs pas suffisamment sa capacité de réglementer et d'accorder des droits d'accès à des activités ou à des ressources rares au service de l'innovation et du développement de nouvelles entreprises. Au contraire, et les exemples du spectre hertzien, des professions réglementées ou des droits d'auteur

Annexe

le prouvent, il entretient une sorte de « protectionnisme de l'intérieur » qui pérennise des situations à rentes pas toujours justifiées.

Les propositions de la commission visent à sortir de cette tentation de la rente pour laisser leur chance à l'innovation et la création. Pour cela, la commission avance d'abord des pistes pour modifier les règles en matière de droits d'auteur et de droits voisins, avec l'objectif de dynamiser la création et d'offrir aux créateurs une plus juste rémunération. La commission propose notamment d'éviter l'extension indéfinie des droits voisins des producteurs et le gel des œuvres. Elle considère également nécessaire d'améliorer la gestion des droits intellectuels au profit des créateurs.

Elle propose également d'engager une dynamisation du portefeuille de droits immatériels de l'État et de ses ressources rares, en révisant notamment le mode de gestion des fréquences hertziennes et en modifiant les conditions d'attribution des droits d'accès aux secteurs réglementés.

Le deuxième réflexe à abandonner, c'est celui qui consiste à focaliser l'attention de façon excessive sur les entreprises en place et notamment les plus grandes d'entre elles, alors que le gisement de productivité et de croissance se trouve tout autant, et peut-être plus, dans les PME. Pour la commission, cela passe notamment par une réorientation des aides à la recherche et au financement vers les PME innovantes, et par l'élargissement des dépenses éligibles au crédit d'impôt recherche pour mieux prendre en compte l'innovation.

Annexe

Enfin, le dernier réflexe à corriger concerne la façon dont nous appréhendons les actifs publics : cessons de considérer que le patrimoine de l'État se limite à son immobilier. Au contraire, développons une politique dynamique de valorisation de l'ensemble des actifs immatériels publics, qui permettra non seulement de disposer de ressources budgétaires supplémentaires, mais surtout de renforcer notre potentiel de croissance. Brevets publics, licences professionnelles, droits d'accès au domaine public, marques culturelles, savoir-faire des acteurs publics, en particulier des universités, données publiques, autant d'actifs immatériels qui ne sont pas suffisamment mis en valeur. Pourquoi ? Parce que les gestionnaires publics ne sont pas incités à le faire, mais également parce qu'ils manquent de moyens techniques pour valoriser correctement ces actifs. La commission propose donc de mettre en place un cadre de gestion incitatif, ce qui passe par la création d'une Agence des actifs immatériels publics, par le développement de techniques de gestion plus dynamiques, en recourant notamment aux enchères publiques, et par la reconnaissance d'un intéressement financier aux gestionnaires.

Changer d'échelle

Les actifs immatériels se jouent des frontières et des limites administratives. À travers les réseaux numériques, ils circulent librement sur l'ensemble de la surface du globe et ceux qui les créent ont désormais une liberté presque totale pour s'installer à l'endroit qui leur paraît le plus favorable. Cette volatilité est un état de fait qui

Annexe

doit être pris en compte dans la conduite de notre politique économique. **Désormais, il y a des questions qui ne peuvent plus être traitées efficacement au niveau national, mais dont la réponse se situe nécessairement au niveau européen et souvent international.** **Le passage au niveau européen concerne d'abord la protection des idées :** c'est au niveau européen que se joue la préservation de la qualité du système de brevet. À cet égard, la commission considère que la France devrait lancer une refondation politique de l'Office européen des brevets, et par ailleurs, ratifier rapidement le protocole de Londres, qui permet d'améliorer à moindre coût la protection des idées des entreprises françaises et européennes, sans affaiblir la place du français. Mais la commission propose d'aller plus loin en permettant qu'un brevet déposé en France soit valable dans l'ensemble des pays de l'Union européenne. Elle considère à ce titre qu'une initiative française est indispensable pour relancer le projet de brevet communautaire. Par ailleurs, la qualité de la protection légale des idées serait améliorée par la création d'une juridiction spécialisée pour les questions de propriété intellectuelle.

Tout autant que les idées, les marques doivent être protégées et cette protection n'a de sens qu'au niveau international. Comme elle a été à l'origine de la création du GAFI pour lutter au niveau international contre la délinquance financière, la France pourrait être à l'origine d'un groupement international, rassemblant pays développés et émergents, afin de lutter efficacement contre la contrefaçon et le piratage.

Annexe

Dernier exemple, la fiscalité. À l'heure où une part croissante de la consommation passe par Internet, les États européens voient leur principale ressource, la TVA, fragilisée et de plus en plus difficile à appliquer. En effet, comment s'assurer que des entreprises de plus en plus virtuelles, vendant des services en ligne, s'acquitteront bien de leurs obligations et collecteront effectivement la TVA auprès de leurs clients ? Pour limiter les risques et éviter une concurrence fiscale dommageable sur un impôt central dans tous les systèmes fiscaux européens, la commission recommande que la France lance une initiative pour refonder le régime européen de TVA.

Changer de modèle

Nous ne réussirons pas à figurer parmi les premières économies de l'immatériel si nous maintenons en l'état notre système d'enseignement supérieur et de recherche, et beaucoup de nos réglementations économiques, sociales ou fiscales. Dans ces domaines, la France se singularise par rapport à ses partenaires, au point d'apparaître parfois comme un modèle de ce qui ne fonctionne pas. La commission considère qu'il y a urgence à s'inspirer de ce qui marche ailleurs. Ne refusons pas le progrès et les avancées tout simplement parce qu'ils ont été imaginés ailleurs.

La France ne pourra pas faire l'économie d'une augmentation des moyens consacrés à l'enseignement supérieur. Mais cela ne suffira pas. Une réforme des structures mêmes du système français est indispensable. Elle passe

231

Annexe

par la consécration de l'autonomie des établissements, qui devraient avoir la capacité de gérer plus librement leurs personnels non enseignants, l'utilisation de leurs crédits, de valoriser leur savoir-faire, d'offrir une rémunération supérieure pour attirer ou garder des enseignants ou de fixer les conditions d'entrée des étudiants. La compétitivité de la France dans ce domaine est un élément essentiel sans lequel il ne pourra pas être question de croissance de l'immatériel.

La France doit rénover en profondeur l'organisation de la recherche publique, en concentrant les moyens consacrés à la recherche, en privilégiant un financement par projet et en améliorant les conditions de valorisation des travaux des laboratoires publics.

Il nous faut aussi prendre conscience que l'économie de l'immatériel vient bousculer notre système fiscal. Même si aujourd'hui la priorité doit être donnée au développement des actifs immatériels plutôt qu'à leur taxation, le déplacement de la valeur dans les bilans des entreprises des actifs matériels aux actifs incorporels rendra inévitable, à plus long terme, une réflexion sur l'évolution des assiettes fiscales. À court terme, il faut privilégier une logique d'incitation, non pas par des mesures ponctuelles ou sectorielles, mais par une baisse globale des impositions pesant sur les entreprises, de façon à envoyer un signal fort tant à nos entrepreneurs qu'aux investisseurs étrangers. C'est pourquoi la commission recommande de baisser le taux de l'impôt sur les sociétés pour le faire revenir à la moyenne européenne.

Plus profondément, nous entrons dans une ère différente de la précédente, fondée sur des process industriels

232

Annexe

standardisés. Nous avions des réglementations et une organisation du travail qui correspondaient. Nul doute qu'il
faille aujourd'hui les adapter de façon que la création et
l'innovation se concrétisent en plus d'activités.

Enfin, l'économie de l'immatériel est une économie
systémique qui fonctionne en réseau et qui s'exonère des
limites de temps et d'espace. Ces deux notions fondamentales font l'ossature de notre législation sociale et économique créant des contraintes et des précautions qui sont
autant de freins à la création de richesses et d'emplois.
Des réformes profondes s'imposent pour préparer notre
pays à cette économie qui sera la seule capable de générer le point de croissance manquant dans un monde de
bouleversement où les emplois à bas prix de main-d'œuvre
s'éloignent de notre territoire.

L'immatériel peut être le moteur, la source d'énergie
d'une dynamisation de l'économie et constituer le « point
de croissance » qui nous manque. Il faut pour cela savoir
être inventif, audacieux dans les transformations de notre
société, et penser autrement. L'immatériel offre l'occasion
d'une vraie mutation de l'économie française.

Remerciements

Mes remerciements les plus profonds à Sophie Coignard, grande réformatrice sans qui ce livre n'aurait pas vu le jour.

Un grand merci à Patricia Picard qui a toujours su traduire mon écriture du vieux monde.

Et bien sûr un remerciement fidèle à Alexandre Wickham, mon éditeur, pour sa confiance et son discernement.

J'ai aussi une pensée pour le président d'Albin Michel, Gilles Haéri, qui a été bienveillant envers ce projet dès l'origine.

Enfin, merci à celles et ceux qui, comme Thierry Lambert, m'ont montré en quoi l'État était réformable.

Pour Brigitte et toute ma famille qui m'aident à ne pas m'enfermer dans le vieux monde.

Table

Introduction 11

1. Moi aussi, j'ai péché ! 15
2. Ces réformes qui n'intéressent pas
   les présidents 23
3. Harcèlement textuel 35
4. Des administrations féodales 45
5. Toujours plus pour... toujours moins ! 61
6. La fable délirante (et bien réelle)
   du commerce extérieur 71
7. Ubu roi de l'énergie électrique 77
8. La planification écologique,
   combien de divisions ? 85
9. *De profundis* : tour d'horizon des réformes
   de l'État enterrées 89
10. L'euro : enfin une (grande) réforme
    réussie ! 101
11. Et pourtant, les autres l'ont fait ! 107
12. L'État omniprésent 121
13. Et si on supprimait des ministères au lieu
    d'augmenter le nombre de ministres ? 131
14. Peut-on réformer sans argent ? 135

Table

15. Les réformes auxquelles j'ai participé........ 143
16. L'interministériel ne répond plus............... 155
17. Pourquoi donner aux Français
    ce dont ils ne veulent pas ?.................... 163
18. Le millefeuille territorial,
    un empilement étouffant........................ 171
19. Le bon plaisir.................................. 187
20. Le verre à moitié plein........................ 197

Conclusion 207

Annexe : un rapport prémonitoire.................. 209

DU MÊME AUTEUR

N'enterrez pas la France, avec Philippe Mabille, Robert Laffont, 2007.

Une présidence de crises, avec Sophie Coignard, Albin Michel, 2009.

Nous les avons tant aimés, ou la chanson d'une génération, Robert Laffont, 2010.

Ils ont fait la révolution sans le savoir, Albin Michel, 2016.

L'envers du décor, Albin Michel, 2020.

Notre vieux royaume, Albin Michel, 2022.

Retrouvez toute l'actualité des éditions Albin Michel
sur notre site albin-michel.fr
et suivez-nous sur les réseaux sociaux !
Instagram : editionsalbinmichel
Facebook : Éditions Albin Michel
Twitter : AlbinMichel

Composition : Nord compo
Impression : Imprimerie Floch, septembre 2023
Éditions Albin Michel
22, rue Huyghens, 75014 Paris
www.albin-michel.fr
ISBN : 978-2-226-48264-8
N° d'édition 25361/01 – N° d'impression : 103177
Dépôt légal : octobre 2023
Imprimé en France